量价理论

以量价结构解盘证券交易

崔 栋 著

中国财富出版社有限公司

图书在版编目（CIP）数据

量价理论：以量价结构解盘证券交易／崔栋著．—北京：中国财富出版社有限公司，2022.6

ISBN 978－7－5047－7604－4

Ⅰ．①量… Ⅱ．①崔… Ⅲ．①证券交易—研究 Ⅳ．①F830.91

中国版本图书馆 CIP 数据核字（2021）第 251281 号

策划编辑	郑晓雯	责任编辑	张红燕 郑晓雯		版权编辑	李 洋
责任印制	梁 凡	责任校对	卓闪闪		责任发行	董 倩

出版发行	中国财富出版社有限公司	
社 址	北京市丰台区南四环西路 188 号 5 区 20 楼	邮政编码 100070
电 话	010－52227588 转 2098（发行部）	010－52227588 转 321（总编室）
	010－52227566（24 小时读者服务）	010－52227588 转 305（质检部）
网 址	http://www.cfpress.com.cn	排 版 宝蕾元
经 销	新华书店	印 刷 宝蕾元仁浩（天津）印刷有限公司
书 号	ISBN 978－7－5047－7604－4/F · 3394	
开 本	710mm×1000mm 1/16	版 次 2022 年 6 月第 1 版
印 张	11.5	印 次 2022 年 6 月第 1 次印刷
字 数	200 千字	定 价 55.00 元

前 言

　　从翻开本书的第一页起，你将进入一个崭新的世界。

　　本书通过构建证券量及价的系统性结构理论，解释包括股票、期货、外汇在内的相关交易品种的历史走势，据此合理地判断其未来的量价波动趋势并预测可能的量价顶/底点。

　　本书主要讲述四部分内容：一是提出量价理论基础；二是建立量价结构；三是模型化解盘包括股票、期货在内的市场各交易品种的结构点阻力，进而解盘可能的量价顶/底点；四是创建量价的结构化坐标体系，即极系。

　　从 1999 年开始，我就对股票价格波动的趋势产生了兴趣，那时还没有条件进行程序化分析，我开始留意并且尝试使用成交量作为股价涨跌的横坐标。记得当时从证券公司电脑上记录下来交易数据，回家用米格纸一点一点去画，烦琐且枯燥。2016 年，我决定辞去工作，全心投入证券量价研究。二十余年的时间，思索、反复、坚持，只为打通通往量价体系的桥梁。

　　我相信证券如同所有的物质一样，有自己的特质并据此运行。我一直试图将证券分析标准化甚至量化，采用数学结构模型对证券运行趋势进行分析。这让我着迷且坚持不懈。

　　至今，虽然量价理论基本成型，其完备性及严谨性仍需完善，但本书宣告了与传统的 K 线理论相对应的量价理论的诞生，量价理论开始在实践中表现出自身的优势。

　　全新的天地里陌生的事物太多，没有多少可以借鉴的东西，我常常夜里无眠，不知道我能走到哪里。本书将以一种开放的态度面对陌生，面对质疑，便于后来者能继续前行。

量价理论的主要观点包括以下四点。

①量价相关性。

价格作为证券实质性的表征因素，其运动过程需要媒介来进行描述。

目前主要的价格媒介包括基本面（市盈率、市净率等）、时间、成交量、换手率等。其中，成交量表现出了独特的性质，即量价相互作用构成了证券的运动基础：资金、成本、量价结构。价格与成交量，相互作用并相互依附，同时其波动变化显现出各自的规律性，这种规律性使量价可以在确定的参照系下进行数学表达。

将价格与成交量分别设定为纵坐标与横坐标，并把证券品种交易的量价数据导入，形成一条连续的曲线，即量价图。量价图是关于价格与成交量的二维走势图。

②结构。

量价的运行是通过"结构"来完成的。"结构"所展现的有序性可能是所有物质的运行特点，它是物质变化过程中的自我表现，其存在可能与能量的攫取与消耗有关。本书提出了市场各交易品种基于移动成本的"结构"，即量价结构，并在结构的基础上给出了量价波动的数学表达式，它表明结构内量价的变化并不是无序的而是有序的。

量价结构通过初始结构的复制、分裂、扩展、异化等或正向或反向的迭代，完成自我生存与繁衍。

量价理论的基石是量价结构，波动的价格与成交量形成量价结构，成交量则在价格的波动中完成自我涅槃。

③量价趋势。

任何一个结构都可划分为结构基础与结构拓延两部分。结构的重大价值在于其间的逻辑性：结构基础与结构拓延之间的量价比例趋向于特定的数值。量结构产生量趋势，价结构产生价趋势，量价结构产生量价趋势。因为结构基础是已知的，通过评价任一量价点在结构中的位置，可以判定该点在当前结构中运动的阻力大小。

④动态化及相对性。

这是一个很有趣的哲学问题：这个世界的本质是什么？我的答案是：这个世界，存在的只是"我的世界"，"我的思维"只能在逻辑模式下片面地认知世界。所以，在达到所谓的"终点"之前，这个世界只是以"我的思维"

为参照系的相对世界。由此，基于量价结构，本书在终章提出了极系理论。

综上所述，本书通过构建量价结构体系，试图解释市场各交易品种的量价结构及推演过程，并就此建立量价理论的基础指标系统。

量价理论的分析方法是通过历史走势数据库，根据当前的量价点来确定结构，并通过结构来分析当前量价运行的趋势。其目的是解释过去并推测可能的未来。

本书讨论的是由成交量与移动价格形成的结构系统对价格的影响的纯技术理论，其适用的前提是所分析交易品种的环境因素保持大体稳定。这一点十分重要，需要读者明确。

本书主要观点系本人个人见解，在说明量价理论的同时阐述了本人对相关理论的理解。本书着意于提供一个新的思路、新的方法、新的平台，并希望在开放环境下能继续拓展。本书在编写过程中难免有错，敬请读者能谅之并完善之。

最后，致谢通达信、大智慧及文华财经等证券投资服务平台，以及 Auto CAD 等制图软件，没有它们开放式的服务，本书不可能完成。

希望本书能帮助读者找到一条新路，一条更接近财富自由之路。

崔栋

2021 年 11 月

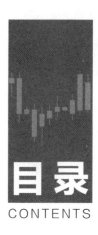

目录
CONTENTS

第一章
引言

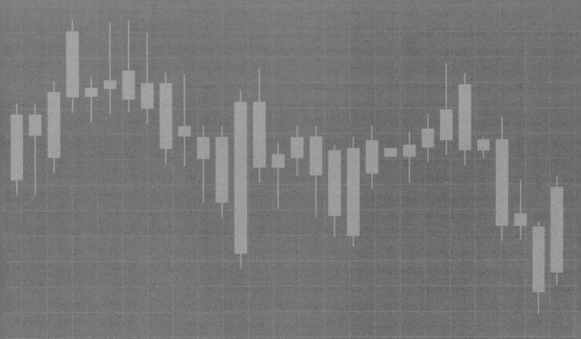

本书的目的是通过量价结构理论，对股票、期货、外汇的任一量价点进行阻力分析，进而指引具体的多空操作。为了让读者对量价理论有一个概括性的认识，下面以具体案例作为引导，来阐述本书即量价理论的基础性内容。

一、亚马逊（AMZN）

分析目的：市场走势整体分析及近期预测。

（一）数据来源及基本图件

数据来源：通达信。数据起止时间：1997 年 5 月至 2021 年 11 月。

1. 周 K 线图

（1）周 K 线图（价格绝对值模式）（见图 1-1）。

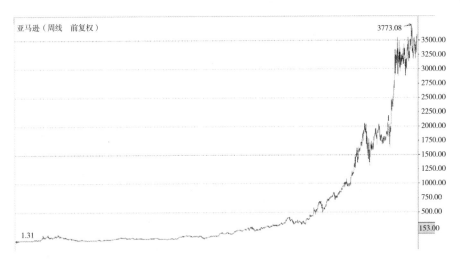

图 1-1　亚马逊周 K 线图（价格绝对值模式）

（2）周K线图（价格对数模式）（见图1-2）。

图1-2 亚马逊周K线图（价格对数模式）

2. 量价图

复权方式：量价（前）复权。复权截止时间：2021年11月。

（1）价格绝对值模式（见图1-3）。

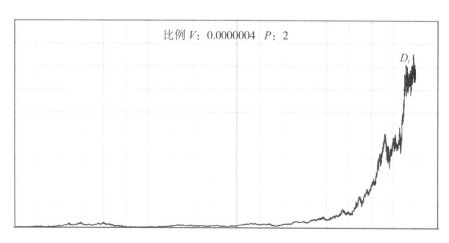

图1-3 亚马逊量价图（价格绝对值模式）

（2）价格对数模式（见图1-4）。

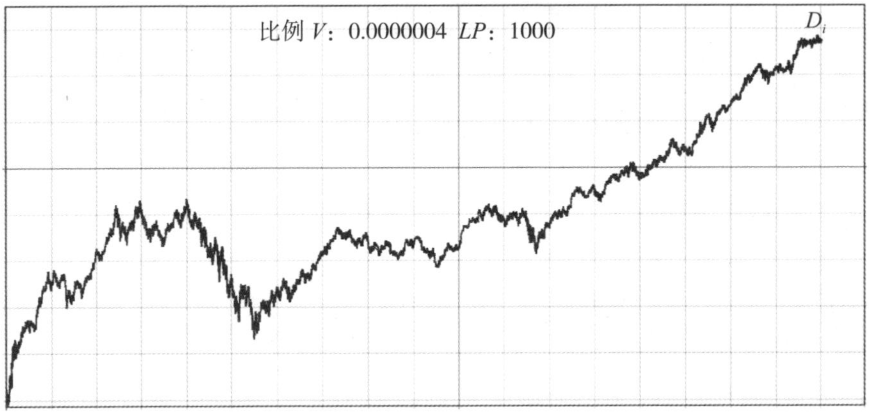

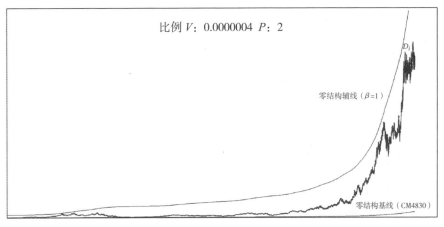

比例 V：0.0000004 LP：1000

图1-4 亚马逊量价图（价格对数模式）

（二）量价结构

以2020年9月2日的高点为分析点 D_i 进行分析。

1. 分析点 D_i 的零结构

（1）零结构（价格绝对值模式）（见图1-5）。

比例 V：0.0000004 P：2

D_i

零结构辅线（$\beta=1$）

零结构基线（CM4830）

图1-5 亚马逊分析点 D_i 的零结构（价格绝对值模式）

（2）零结构（价格对数模式）（见图1-6）。

零结构分析结论：目前分析点已接近零结构辅线。价格的继续上行趋势将受到零结构的阻力。

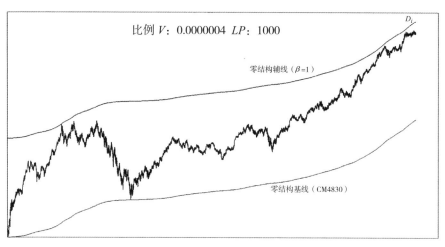

图 1-6　亚马逊分析点 D_i 的零结构（价格对数模式）

2. 分析点 D_i 的子 I 结构（价格对数模式）（见图 1-7）

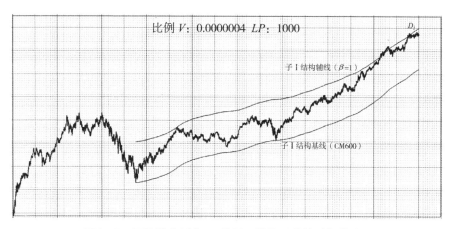

图 1-7　亚马逊分析点 D_i 的子 I 结构（价格对数模式）

子 I 结构分析结论：目前分析点已到达子 I 结构辅线，但未能有效突破该阻力线。价格的继续上行趋势将受到子 I 结构的阻力。

3. 分析点 D_i 的子 II 结构（价格对数模式）（见图 1-8）

子 II 结构分析结论：自 2008 年 11 月以来量价点一直在子 II 结构内运行，分析点 D_i 再一次触及子 II 结构辅线区域并未能突破该阻力线。价格的继续上行趋势将再次受到子 II 结构的阻力。

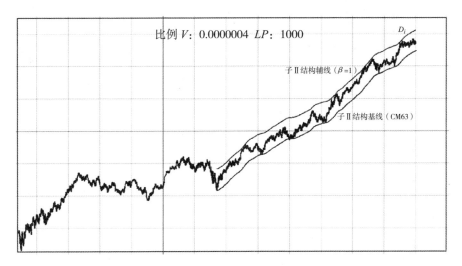

图 1-8　亚马逊分析点 D_i 的子 II 结构（价格对数模式）

4. 分析点 D_i 的综合结构（价格对数模式）（见图 1-9）

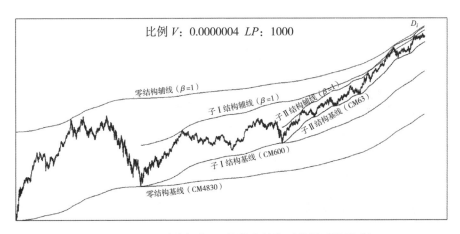

图 1-9　亚马逊分析点 D_i 的综合结构（价格对数模式）

综合结构分析结论：分析点 D_i 已接近零结构辅线，到达子 I 结构辅线，到达子 II 结构辅线，并且 3 条辅线在目前区域（即将）进行叠合。在阻力叠合点或其附近，价格的当前上行趋势将同时受到来自零结构、子 I 结构及子 II 结构的阻力。因此，可以合理判断该股价格将在零结构辅线附近受到显著的结构阻力并因此进入筑顶阶段，完成后即进入结构调整。

二、贵州茅台（600519）

（一）数据来源及基本图件

数据来源：通达信。数据起止时间：2001年8月至2021年11月。

1. 周K线图（价格绝对值模式）（见图1-10）

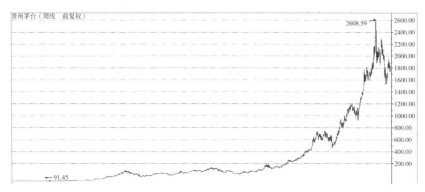

图1-10 贵州茅台周K线图（价格绝对值模式）

2. 量价图

复权方式：量价（前）复权。复权截止时间：2021年11月。

（1）价格绝对值模式（见图1-11）。

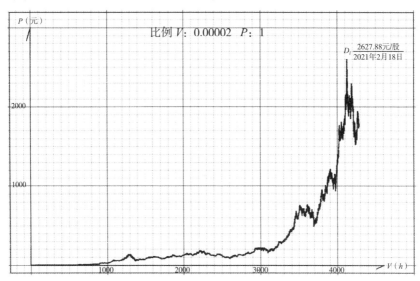

图1-11 贵州茅台量价图（价格绝对值模式）

（2）价格对数模式（见图 1 – 12）。

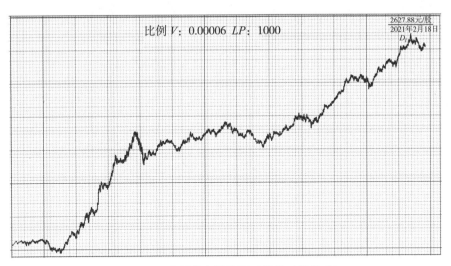

图 1 – 12 贵州茅台量价图（价格对数模式）

（二）量价结构

以 2021 年 2 月 18 日的高点为分析点 D_i 进行分析。

1. 分析点 D_i 的零结构（价格对数模式）（见图 1 – 13）

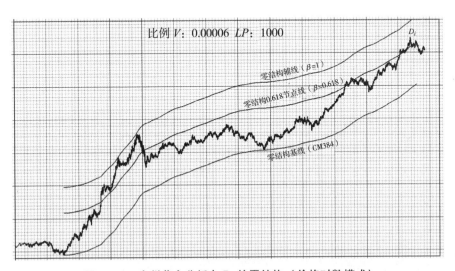

图 1 – 13 贵州茅台分析点 D_i 的零结构（价格对数模式）

零结构分析结论：分析点 D_i 已突破零结构 0.618 节点线，但未到零结构辅线区域。因此合理判断该股在上行中，零结构无明显的结构阻力。

2. 分析点 D_i 的子 I 结构（价格对数模式）（见图 1-14）

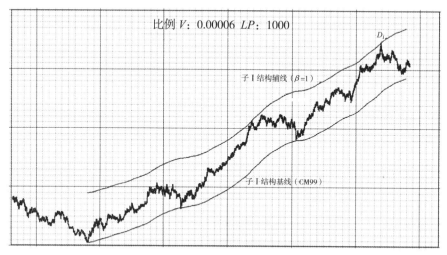

图 1-14 贵州茅台分析点 D_i 的子 I 结构（价格对数模式）

子 I 结构分析结论：分析点 D_i 已到达子 I 结构辅线并表现出受阻特征，表明量价点的上行趋势受到了子 I 结构的阻力。因此，合理的判断是该股自分析点 D_i 开始将进入相对于子 I 结构的调整。

3. 分析点 D_i 的综合结构（价格对数模式）（见图 1-15）

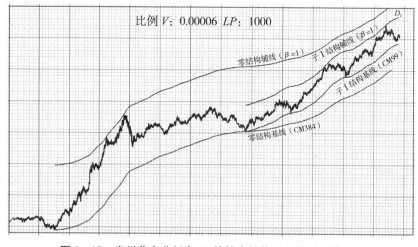

图 1-15 贵州茅台分析点 D_i 的综合结构（价格对数模式）

综合结构分析结论：就上行趋势而言，分析点 D_i 未到达零结构辅线，因此零结构阻力特征不明显；但分析点 D_i 到达子Ⅰ结构辅线并表现出明显的受阻特征。因此合理判断该股的总上行趋势未被破坏，但该股自分析点 D_i 开始将进入相对于子Ⅰ结构的调整。

三、特斯拉（TSLA）

（一）数据来源及基本图件

数据来源：通达信。数据起止时间：2001 年 8 月至 2021 年 11 月。

1. 日 K 线图

（1）日 K 线图（价格绝对值模式）（见图 1 – 16）。

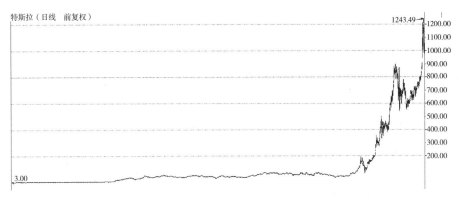

图 1 – 16　特斯拉日 K 线图（价格绝对值模式）

（2）日 K 线图（价格对数模式）（见图 1 – 17）。

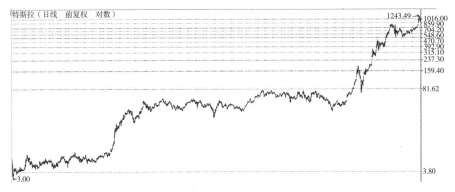

图 1 – 17　特斯拉日 K 线图（价格对数模式）

2. 量价图

复权方式：量价（前）复权。复权截止时间：2021 年 11 月。

（1）价格绝对值模式（见图 1－18）。

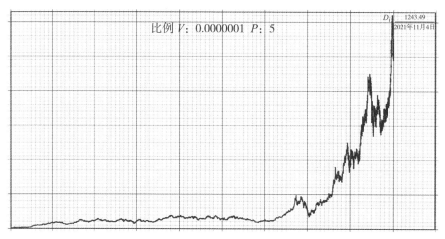

图 1－18　特斯拉量价图（价格绝对值模式）

（2）价格对数模式（见图 1－19）。

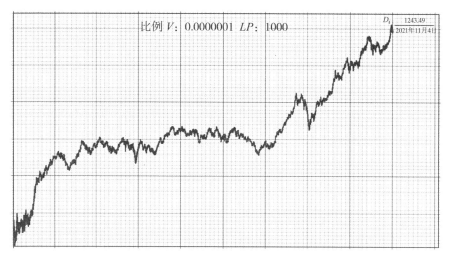

图 1－19　特斯拉量价图（价格对数模式）

（二）量价结构

以 2021 年 11 月 4 日的高点为分析点 D_i 进行分析。

1. 分析点 D_i 的零结构（价格对数模式）（见图 1 – 20）

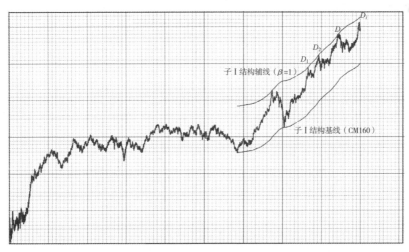

图 1 – 20　特斯拉分析点 D_i 的零结构（价格对数模式）

零结构分析结论：图中量价点 D 已达零结构辅线区域并表现出了受阻特征，分析点 D_i 再次向零结构辅线靠近并表现出了受阻特征，表明该股当前的上行趋势再次受到了零结构的阻力，如果分析点 D_i 无法有效突破该阻力线将产生顶部的二次确认。

2. 分析点 D_i 的子 I 结构（价格对数模式）（见图 1 – 21）

图 1 – 21　特斯拉分析点 D_i 的子 I 结构（价格对数模式）

子Ⅰ结构分析结论：图中的 D_1、D_2、D 点分别到达子Ⅰ结构辅线并表现出受阻特征；分析点 D_i 再次向子Ⅰ结构辅线靠近，可合理判断该股的上行将再次受到子Ⅰ结构的阻力。

3. 分析点 D_i 的综合结构（价格对数模式）（见图1-22）

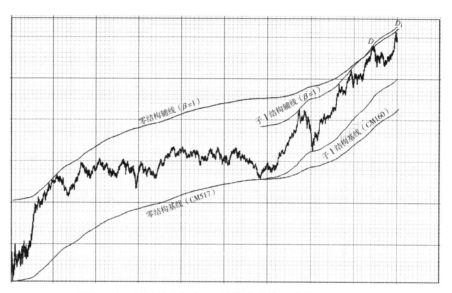

图1-22 特斯拉分析点 D_i 的综合结构（价格对数模式）

综合结构分析结论：就目前区域的量价点而言，其近期高点 D 的结构位置已到达零结构辅线、子Ⅰ结构辅线，零结构及子Ⅰ结构的阻力开始叠合显现；分析点 D_i 正在重复 D 点股价波动过程以完成成交量结构的构建，并进行顶部的二次确认。因此，可合理判断该股价格将在零结构辅线附近受到显著的结构阻力而进入筑顶阶段。

四、WTI 原油指数

（一）数据来源及基本图件

数据来源：文华财经。数据起止时间：1986 年 1 月至 2021 年 7 月。

1. 月 K 线图（价格绝对值模式）（见图 1 - 23）

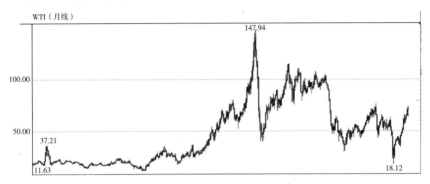

图 1 - 23　WTI 原油指数月 K 线图（价格绝对值模式）

2. 量价图

（1）价格绝对值模式（见图 1 - 24）。

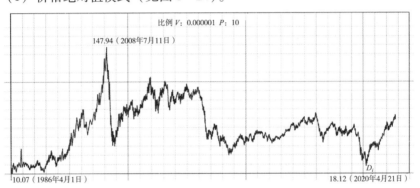

图 1 - 24　WTI 原油指数量价图（价格绝对值模式）

（2）价格对数模式（见图 1 - 25）。

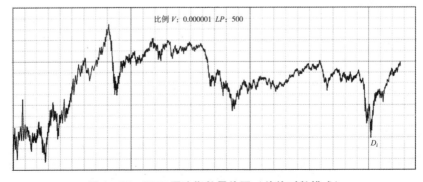

图 1 - 25　WTI 原油指数量价图（价格对数模式）

（二）量价结构

以 2020 年 4 月 21 日的低点 D_i 为分析点进行分析。

分析点 D_i 的零结构（价格对数模式）如图 1 - 26 所示。

图 1 - 26 WTI 原油指数分析点 D_i 的零结构（价格对数模式）

零结构分析结论：分析点 D_i 已到达零结构辅线，油价的下行趋势将受到零结构的阻力。实际走势如图 1 - 26 所示，自该点起原油价格出现了明显的反弹。

五、AUL9 黄金指数

（一）数据来源及基本图件

数据来源：通达信。数据起止时间：2008 年 1 月至 2021 年 10 月。

1. 周 K 线图（价格绝对值模式）（见图 1 - 27）

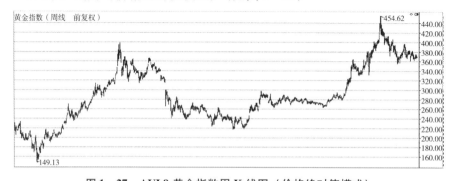

图 1 - 27 AUL9 黄金指数周 K 线图（价格绝对值模式）

2. 量价图（价格对数模式）（见图 1 - 28）

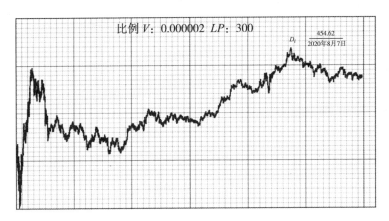

图 1 - 28 AUL9 黄金指数量价图（价格对数模式）

（二）量价结构

以分析点 D_i（2020 年 8 月 7 日的高点）为分析点进行分析。

AUL9 黄金指数分析点 D_i 的子 I 结构及子 II 结构（价格对数模式），如图 1 - 29 所示。

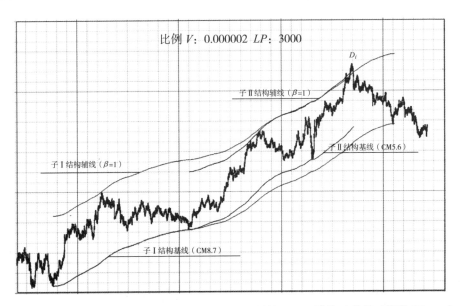

图 1 - 29 AUL9 黄金指数分析点 D_i 的子 I 结构及子 II 结构（价格对数模式）

　　子 I 结构及子 II 结构分析结论：分析点 D_i 已运行至子 I 结构辅线以及子 II 结构辅线附近，因此该点将受到子 I 结构以及子 II 结构的叠合阻力，并在显著的结构阻力作用（相对于子 I 以及子 II 结构的）下展开调整（注：由于 K 线图及量价图未能反映黄金指数的全景走势，所以本示例未能给出分析点 D_i 的零结构）。

第二章
量价图

一、本书基本概念与符号

（1）量价图：以成交量 V 为横轴，以价格 P 为纵轴绘制的证券走势图，简称"VP 图"。将某个证券品种的所有交易记录下来的量价图被称为"全景量价图"。量价图按价格的显示方式，分为价格绝对值模式量价图与价格对数模式量价图。量价图中任何一点都被称为量价点，符号为 D_i。

（2）价格/价格系统：价格为任一量价点 D_i 对应的纵坐标数值，价格显示方式分为绝对值与对数值，分别被称为价格的绝对值模式及价格的对数值模式，分别用 P 与 LP 表示。价格的计量体系被称为价格系统，本书讨论了两种价格系统，即通行的价格系统——直系（以 0 为基准的静态价格系统），以及极系（以结构极线为基准的动态价格系统）。

（3）结构点：构成结构的极值量价点，也称结构节点。

（4）成交量：符号为 V，指交易中成交手数的积累值。

（5）成交量区间：符号为 V_d，量价图中设定的横坐标（成交量）单位分析长度值。

（6）量域：量价图中某一横坐标范围。结构域指某个结构所拥有的量域。

（7）水平：状态值的测量基准。

（8）结构总成本：符号 P^-，指在确定结构范围内的加权平均价格，用下式表示

$$P^- = \frac{1}{\sum V_i} \times \sum_{i=0}^{V_d} (P_i \times V_i)$$

式中，P_i 与 V_i 指结构域范围内任一量价点的坐标。

（9）区间成本：符号 P_d^-，指在一个成交量区间单位 V_d 内计算出的单位加权均价 P^-，其计算公式为

$$P_d^- = \frac{1}{V_d} \times \sum_{i=0}^{V_d} (P_i \times V_i)$$

（10）资金量：推动价格以及成交量变化的能量，即某一量域范围内各单笔成交量与价格乘积之和。

$$Q = \sum_{i=0}^{n} (P_i \times V_i)$$

（11）复权：系统性的非市场因素导致的量、价水平的不一致而产生的修复行为。

（12）极点：在全景量价图中，相对于分析点 D_i 的"极目所至"之点。它由分析点按一定的规则形成。

（13）量价结构：市场量、价的规则性走势，它由分析点按一定方式构筑而成。量价结构由加权移动成本线（CM 线）确定，故也被称为 CM 结构。

（14）结构系数：任何一个结构，其结构拓延与结构基础间量或价的比例数值。结构系数用下式表示：

成交量结构系数

$$K_V = V_{(结构拓延)} / V_{(结构基础)}$$

价格结构系数

$$K_P = P_{(结构拓延)} / P_{(结构基础)}$$

K_V 或 K_P 值等于结构节点值时，用 β_V 或 β_P 表示。

（15）节点值 β：已完成结构中的量价结构系数。当一个结构中的成交量结构系数或价格结构系数等于节点值 β 时，该结构便具有了相对稳定的特征，结构的拓延将受到该结构的阻力作用。节点值的具体数值集合由节点等式进行计算。节点等式表示为

$$\beta_i = \beta_0 \pm \beta_1 \pm \beta_2 \pm \cdots = 0.618^{\alpha_0} \pm 0.618^{\alpha_1} \pm 0.618^{\alpha_2} \pm \cdots$$

其中 i 被称为阶值，α_i 为不大于 i 的自然数。

常见的节点值有 0.618、1、1.618 等。

（16）趋势通道：由结构 CM 基线与结构节点线构成的趋势性量价通道。其中节点值 β 等于 1 的节点线被称为基准节点线或 CM 辅线。

（17）结构阻力：量价节点结构被破坏引发的结构自恢复力。

（18）结构强度值（CMB）：任何一个结构在其趋势方向上的强弱值。

$$CMB = V_{(结构基础)} / CM_{(基线)}$$

（19）结构能比：任何一个结构基础的高度 *LCMd* 与其所包含的相对资金量 *LQ* 之比。结构的大小与其能比一般呈反相关关系。

（20）结构误差 δ：相对于某个节点结构的大小而产生的误差。结构误差分为价格结构误差与成交量结构误差。结构误差的计算公式为

$$\delta = （实际结构系数 - 理论节点值）／理论节点值$$

二、量价图（VP 图）

（一）什么是量价图

量价图是采用价格与成交量构成的二维直角坐标系统来反映价格－成交量走势的图谱。

量价图分为价格绝对值模式量价图及价格对数模式量价图。其中价格绝对值模式量价图的纵坐标价格 *P* 采用绝对值模式，横坐标成交量 *V* 采用绝对值模式。市场连续成交形成量价图。将绝对值价格转为对数值的量价图被称为价格对数模式量价图。

价格绝对值模式用 *AS* 表示，价格对数模式用 *LS* 表示。

（二）两种量价图的关系及应用

（1）价格绝对值模式量价图是基础图，价格对数模式量价图是转换图。价格绝对值模式量价图直接采用市场数据绘制形成，同时形成基础性数据库及指标系统。价格绝对值模式量价图通过价格的对数转换成为价格对数模式量价图。在实践中，为了更加直观与方便计算，一般在价格对数模式量价图中进行结构分析及趋势分析。

（2）价格对数模式量价图的提出基于以下原因：价格波动以及价格结构的非线性性质（详见后文价格公式及价格结构表达式）导致价格在绝对值模式下无加成性（无法直接进行加减计算），但在价格对数模式下则可以。

（3）两种图本质上是同一个图件，只是价格采用了不同的数值模式。在实践中，我们可以将价格绝对值模式量价图视作基础数据图，将价格对数模式量价图作为技术分析图应用。

（4）当所确定的分析结构内的价格波动比 $\mu\left[\mu = （P_{max} - P_{min}）／P_{min}\right]$ 不大时（如 $\mu \leqslant 20\%$），在价格对数模式下与价格绝对值模式下绘制的量价图及计

算的相关指标几近相同，为简化计算，此时可以直接用价格绝对值模式量价图作为价格对数模式量价图进行分析。

为直观起见，在绘制量价图时可以对 P、V 坐标值分别设定缩放比例。

（三）量价图坐标

1. 纵坐标及价格公式

（1）纵坐标。

量价图采用价格 P 作为纵坐标，即市场交易中的实际价格值。纵坐标根据分析需要可采用绝对值与对数值两种模式。

（2）价格公式及价格结构表达式。

2021 年 3 月 8 日，妇女节，大妈去市场买菜。她被告知涨价了，鸡蛋从 8 元/千克涨到了 8.8 元/千克，很是郁闷；于是去买牛肉，却发现牛肉从 80 元/千克涨到了 88 元/千克。大妈更为愤怒，斥责摊主说："你是不是太黑心了，鸡蛋才涨了 8 毛，牛肉却涨 8 块！"于是转身离开。

类似地，在股市中，如果一只股票的价格是 10 元，当天波动为 0.2 元；那当它的价格是 100 元时，当天的波动往往是 2 元而不是 0.2 元。

分析上述价格变化的现象，可以发现股票市场价格的波动具有明显的相对性：任何一点价格的波动都与这一点的价格值相关。

将上述"价格点"累积起来变成"价格浪"，股票价格同样具有上述相对性的特点：一只股票从 1 元连续上涨到 10 元，若调整初始价格到 4 元，则它更可能从 4 元涨至 40 元而不是从 4 元涨至 14 元。

上述价格现象本书称为"价格相对性原理"。

这里，本书给出"水平"以及"价格水平"的概念。

水平：系统内任一点具有的状态值所对应的测量基准。在测量状态值过程中，设定的测量单位被称为"水平单位"或"单位"。

价格水平：任一点的价格值对应的基准值。

目前市场通行的是采用绝对值作为价格值，其价格水平设定为 0，价格水平单位设定为 0.01 元。

不同于上述市场通行的理论，量价理论中的价格水平可表述为：包括证券在内的任何资产，其价格水平为当前价格值而非 0。

设原始价格为 P_0，每次波动的最小值为 d_p，经 i 次连续性单向变化，则

价格变为 P_i，上述两种价格变动方式在数学上可分别表示为

①价格绝对性原理（当前市场价格变化计价方式）下 P_i 的表达式

$$P_i = P_{i-1} + d_p = (P_{i-2} + d_p) + d_p = [(P_{i-3} + d_p) + d_p] + d_p$$
$$= \cdots = P_0 + i \times d_p$$

②价格相对性原理下 P_i 的表达式

$$P_i = P_{i-1} + P_{i-1} \times d_p = (P_{i-2} + P_{i-2} \times d_p) + (P_{i-2} + P_{i-2} \times d_p) \times d_p$$
$$= \cdots = P_0 \times (1 + d_p)^i$$

量价理论认为，价格的波动遵从价格相对性而非绝对性原理。即包括证券在内的价格变化，不是市场中表现的那样以 0 为基础一分一分增减的，而是以当前价格为基础以迭代的方式进行增减的。

在实践中，价格的相对理解与价格的绝对理解存在着明显的区别：对某一确定的价格 P，其从 P_0 变动至 P 的历史轨迹是不同的。价格的不同运行方式与其趋势间的关系如图 2−1 所示，图中可以看到绝对价格是以直线的方式变动的，而相对价格是以曲线的方式进行变动的。

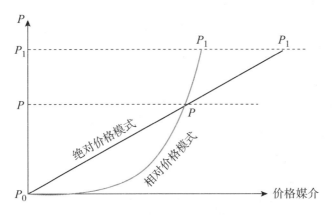

图 2−1　价格的不同运行方式与其趋势间的关系

这种区别对现价 P 的数值并不产生影响，但对价格趋势的影响是明显的：在任一价格的参照系（时间、成交量等）下，P_0 到达 P 的方式（包括速度、消耗的资金量等）是不一致的，即其到达 P 的历史逻辑不同。而不同的历史逻辑（$P_0 \to P$），即使其起点相同，很可能有不同的未来（$P \to P_1$）。

本书将上述价格相对性原理下价格的表现方式称为"价格公式"。同时考虑到反向波动，则绝对值模式的价格公式如下所示

$$P_i = P_0 \times (1 \pm d_p)^i$$

令 $LP = \ln(P)$，则有对数模式下的价格公式

$$LP_i = LP_0 + i \times \ln(1 \pm d_p)$$

可以发现，在价格相对性原理下的价格公式经对数转换后与价格绝对性原理下的表达式一致，且有加成性。

将上述价格公式套入一个标准的价格结构（关于标准价格结构，后文将详细讨论），设一个资产品种的价格结构由"4点3浪"构成，4个结构点分别为 A、B、C、D 点，3浪用 a、b、c 浪表示，对应的各点价格标记为 P_A、P_B、P_C、P_D（见图2-2）。

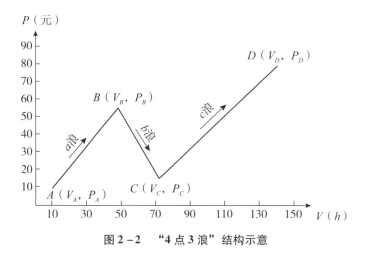

图2-2 "4点3浪"结构示意

根据上述价格公式，图中结构点的价格可表达为

$$P_D = P_C \times (1 + d_p)^{i_1}$$
$$P_B = P_A \times (1 + d_p)^{i_2}$$

则有

$$P_D = P_C \times (1 + d_p)^{i_1} = P_C \times \left[(P_B/P_A)^{1/i_2} \right]^{i_1} = P_C \times (P_B/P_A)^{i_1/i_2}$$

令 $K_P = (i_1/i_2)$，则有

$$P_D = P_C \times (P_B/P_A)^{K_P}$$

在量价理论中，这个关系式被称为"价格结构表达式"。

一个价格结构中，P_A、P_B、P_C 是已知数，则 P_D 为 K_P 的函数。

价格结构表达式的重要意义在于，它表明任何一个市场价格与它的历史

价格间都存在着相对确定的数学相关性，且这种相关性具有幂函数的性质，而非线性特征。

将上述公式两边同时对数化，绝对值价格转为对数价格，则价格结构表达式简化为线性函数，公式变为

$$LP_D = \ln\left[P_C \times (P_B/P_A)^{K_P} \right] = LP_C + K_P \times \ln(P_B/P_A)$$
$$= LP_C + K_P \times (LP_B - LP_A)$$

对数下的价格结构表达式最终表述为

$$LP_D = LP_C + K_P \times (LP_B - LP_A)$$

公式中的 K_P 被称为价格结构系数，当 K_P 为某些特定的值（结构节点值）时，价格结构完成当前拓延并具有完成结构的自我稳定性，其表现出继续拓延（打破当前结构）的阻力性质，该阻力被称为"结构阻力"。此时的 K_P 用 β_p 表示，相应的价格结构表达式则表述为

$$LP_D = LP_C + \beta_p \times (LP_B - LP_A)$$

表达式中的 β_p 被称为"价格结构节点值"，其具体取值是与 0.618 相关的系列数值集合，主要的数值有 0.618、1、1.618 等，后文将对节点值进行详细的说明。

价格公式及价格结构表达式表明了价格的两个重要性质。

①价格波动的相对性：任何一个价格的变化与历史价格间存在相对确定的数学相关性。

②对数价格的加成性：对数模式下价格的变化具有加成性质（线性特征）。

（3）量价图中对数价格坐标。

以下为两种价格模式下的价格结构表达式。

价格绝对值模式下价格结构表达式为

$$P_D = P_C \times (P_B/P_A)^{K_P}$$

价格对数模式下价格结构表达式为

$$LP_D = LP_C + K_P \times (LP_B - LP_A)$$

价格绝对值模式的价格结构表达式是非线性函数，其变化呈现曲线状态，导致在具体分析中价格变化的直观性及可计算性较差。而在对数模式下，价格表现为简单的线性关系，这让直观分析变得极为方便。因此，在绘制量价图及量价分析时，本书引入价格对数坐标模式，以达到更直观、更简单的效果。

当然，在结构分析时如果结构区域内价格波动比不大时（如 $\mu \leq 0.2$），

是可以直接用价格绝对值模式量价图代替价格对数模式量价图进行分析的，但对于价格波动比较大的结构分析，则要采用价格对数模式，否则误差较大。需要注意的是，两种坐标模式事实上是同一个价格值的不同显示方式，包括延伸分析在内两者之间是完全可以相互转化的。如果放弃直观性及分析计算的简单性，且在分析时全部采用计算机系统处理数据及图件，是可以不转化为价格对数模式的。

（4）两种价格坐标模式的量价图示例。

贵州茅台的价格对数模式及价格绝对值模式量价图（2003—2019 年）如图 2 - 3 所示。显然，价格对数模式下的直观性更为明显。

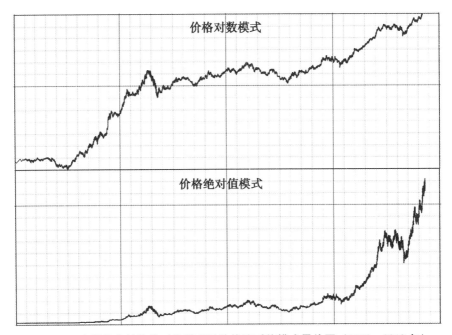

图 2 - 3 贵州茅台的价格对数模式及价格绝对值模式量价图（2003—2019 年）

2. 横坐标 - 交易量/成交量（V）

（1）采用成交量的本质原因。

在把价格作为研究方向，并确定为二维坐标系统中一维的前提下，确定另一维成了关键的问题。时间是目前 K 线系统中使用的另一维，而不是成交量、换手率、市盈率等价格媒介。但本书认为，"时间，是天边一条静静的河"，时间具有完全的独立性，价格的波动需要时间作为平台，但时间的流逝并不依赖价格。因此，时间的独立性导致它与价格间并无本质性的相关关系（不仅是证券分析领域，相信时域分析法在更大范围内将逐渐被其他的相关实体域分析方法代替）。

选择成交量与价格形成二维系统，作用也是构成价格的结构系统。量价理论中，用成交量代替时间，是认为在关于价格的二维系统中，成交量与价格有直接的相关关系，两者共同实现了证券市场的资金本质及成本价值。

当然，量价理论采用了价格－成交量系统代替价格－时间系统，并不意味着不能采用价格－时间系统或价格－换手率系统或价格－市盈率系统来构成关于价格的二维系统。相反，各个系统应该都能成立并反映价格的变化。只是，本书认为在仅选取价格的另一维因素的前提下，交易成本因素、交易资金因素及流动性因素使成交量与价格具有更紧密的市场相关性。

（2）采用成交量作为横坐标的技术原因。

选取成交量为横坐标，技术上第一个原因是成交量与价格建立了证券的资金－成本系统。通过量价图可以计算出任一量域范围内的市场资金量及市场成本，进而进行成本分析与趋势分析，显然 K 线图的时间－价格系统不能办到。

技术上第二个原因是量价理论认为，价格波动具有结构特征（价格结构表达式），而成交量在结构的前提下也具有结构特征（成交量结构表达式）。在量价图中，价格的波动结构在成交量的累积延展中得以形成，或者说成交量结构在价格的波动延展中得以实现，即量价结构是价格、成交量共同作用的结果。因此，量价结构中量、价是相辅相成的，缺少了任何一个，量价结构便不能形成。

量与价在量价结构中以各自的方式运行，结构本身的有序性或规律性导致其可以通过数学方法进行计算与预测，量、价结构各自完成结构或其叠点的交汇，很可能形成量价结构的节点（顶/底点 D）。这样，通过建立两者的二维直角坐标系统，就可以对证券运行的结构节点进行可能性定位。

（3）成交量结构表达式。

与价格具有的相对性质不同，成交量具有单向等距累加性，即成交量可以在绝对值模式下进行累加。

设上述标准结构（"4 点 3 浪"）中 A 点、B 点、C 点、D 点的成交量坐标分别为 V_A、V_B、V_C、V_D，则有各浪的成交量值

$$\Delta V_{AB} = V_B - V_A; \ \Delta V_{BC} = V_C - V_B; \ \Delta V_{AC} = V_C - V_A; \ \Delta V_{CD} = V_D - V_C$$

将 c 浪与（a 浪 + b 浪）的成交量进行相除，可得到下列比例式

$$\Delta V_{CD}/\Delta V_{AC} = (V_D - V_C)/(V_C - V_A)$$

令（$V_D - V_C$）/（$V_C - V_A$）$= K_V$，则有成交量结构表达式

$$\Delta V_{CD} = \Delta V_{AC} \times K_V \text{ 或 } V_D = V_C + (V_C - V_A) \times K_V$$

其中的 K_V 被称为成交量结构系数。

成交量结构表达式表明，一个结构中各浪间的成交量存在相应的比例关系。与价格结构一样，一个"完成"或"趋于完成"的成交量结构中，结构拓延（c 浪）与结构基础（a 浪 + b 浪）的成交量比例值 K_V 将不是随意的，而是趋向于系列特定的节点值。此时的 K_V 用 β_V 表示，相应的成交量结构表达式则用以下公式表述

$$V_D = V_C + (V_C - V_A) \times \beta_V$$

公式中的 β_V 被称为"成交量结构节点值"，其具体数值与价格结构节点值一样，为一组与 0.618 相关的数值集合。

要注意的是，与价格一样，成交量的一维性质导致其本身无法形成结构。但成交量与价格相结合形成量价结构之后，便赋予了成交量结构属性。这如同水，本身无形，将水放入杯中，水便拥有了杯的形态。即成交量结构的形成有赖于价格结构，这与价格结构的形成有赖于成交量的积累是一样的。

三、量价理论复权系统

量价理论是在量价图中讨论证券价格与成交量及其相互作用的技术理论。量价图的基础是价格数据与成交量数据，因此数据的重要性是显而易见的：不同的数据，将形成不同的量价图或量价结构，从而有不同的分析结果。

（一）目前股票交易系统的除权及复权

1. 价格除权

通常采用国际通行的"股东权益（除权前后）一致性会计原则"对价格进行除权。计算公式如下：

沪市方式

$$P_{\text{除权参考价}} = \frac{\text{股权登记日收盘价} + \text{配股价} \times \text{配股率} - \text{派息率}}{1 + \text{送股率} + \text{配股率}}$$

深市方式

$$P_{除权参考价} = \frac{股权登记日总市值 + 配股价 \times 配股总数 - 派现金总额}{除权后总股本}$$

其中：股权登记日总市值 = 股权登记日收盘价 × 除权前总股本

2. 价格复权

将任一历史的除权前价格值代入上述公式中的"股权登记日收盘价"进行换算。

3. 成交量除权以及复权

目前主流的股票理论认为成交量没有权，对成交量不进行除权以及复权。部分股票软件以流通盘或者总股本的数量为基准对成交量进行除权以及复权。也就是说，关于成交量的除权、复权问题，无论是国内还是国际上，没有一个通行的标准。

（二）量价理论的除权以及复权

量价理论本质性的因素是资金与成本，资金可以分解为价格与成交量。量价理论以资金而非价格为基础进行相关的除权、复权。

1. 价格除权

量价理论沿用国际通行的"股东权益（除权前后）一致性会计原则"，即采用目前市场规则对股票的除权前收盘价进行除权。

2. 价格复权

价格复权是指股票价格的除权导致同一点价格水平不一致而进行修复的行为。

量价理论的股票价格复权系统与目前市场的复权系统不同。目前市场采用的是绝对价格的减值模式，而量价理论的复权则采用对数价格的减值模式或百分比的减值模式，虽然两者对除权日的开盘价及股东账户的权益计算结果是一致的，但对历史股价点的复权计算结果却有差别。

量价理论的价格复权原则：①复权前后，价格水平一致；②复权计算遵循价格公式。

3. 成交量复权

量价理论认为资金是推动价格变化的"能量"，能量要求"守恒"。在出现价格复权时，成交量也要同时进行复权；反之亦然，以保证复权前后资金量的一致性。

因此，成交量复权的原则是：①当价格出现复权时，成交量也必须复权；②复权前后交易资金量一致。

4. 常见复权方式的计算

（1）派息复权。

价格值转为对数模式后整体采用"对数价格直减法"或将派息转为百分比模式后比例减值；成交量反向同比例增值。

（2）拆（合）股复权。

成交量同向进行拆（合），价格按资金量不变原则进行反比例增减。

5. 目前市场上常见的股票软件的（前）复权方式及对比

对于分红派息的价格复权，目前大多数股票软件采用"绝对值价格直减法"进行复权；对于拆（合）股的复权，采用"价格比方法"进行复权。

在成交量复权方面，目前主流的理论认为成交量没有权而不复权。但文华财经、老虎证券等对拆（合）股进行比例复权，以便统一流通股本口径；大智慧部分软件，对拆（合）股、派息采用了资金复权法对量价进行了复权，这与本书所讨论的一致。

6. 几种特殊情况的除/复权讨论

（1）股票综合指数。

综合指数值源于股票价格的加权值。目前的市场系统中，当除权发生时，个股可以通过价格复权保持股价水平的一致性及连续性，但现有综合指数的计算设计使指数价格无法进行复权计算，进而也无法对综合指数的成交量进行复权。市场中个股除权的主流是单向降低价格，导致了综合指数价格的两个问题：历史指数虚高以及历史成交量虚低。

上述问题在量价理论中对于大盘指数的分析来说是很致命的，即无法获得准确的复权指数价格以及复权成交量数据，进而无法构筑出长期的准确的指数量价结构并进行相关分析。当然，在局部量域范围内其误差是有限的，可以进行相应的量价分析。

（2）期货。

在关于期货的量价分析中，本书采用合约综合指数，如将 AUL9 黄金指数、WTI 原油指数、RUL9 橡胶指数等作为分析标的，其原因是各期货品种的综合指数的价格水平是一致的，所以不存在价格的除复权；价格不复权，成交量也就不复权。但相关的某个具体合约时间上的不连续往往导致其价格水平不一致，因此存在复权问题。为了避免上述问题，本书所有关于期货量价结构分析，均采用该期货品种综合指数（加权指数）的数据。虽然期货的综合指数并非交易标的，但在实际操作中可以参考综合指数进行具体合约的操作。

（三）量价理论的价格（前）复权公式

量价理论认为价格的变化应满足价格公式，所以对价格的复权不能在价格绝对值模式下进行直接的减值，应以满足价格公式的方式进行复权。利用绝对值模式下的价格公式很麻烦，因此在实践中一般采用对数价格减值的计算方法对价格进行复权。

下面就以前复权为例具体说明量价理论的除权、复权计算公式。

为简化公式，设：

P_{B_i}——除权前任一点价格；P_{A_i}——除权后（复权）价格；

P_{B_0}——除权前股权登记日收盘价格；P_{A_0}——对应除权后（复权）价；

$\&_{TR}$——送股率；$\&_{EA}$——派息率；P_{AL}——配股价；$\&_{AL}$——配股率；

V_{B_i}——除权前任一价格对应的成交量；V_{A_i}——其对应的复权成交量；

K_P——价格复权系数；K_V——成交量复权系数。

令 $\Delta = LP_{B_0} - LP_{A_0}$，$LP$ 指对数价格值。

1. 目前股票软件系统的除权、复权公式

（1）送股。

$$P_{A_i} = P_{B_i}/(1 + \&_{TR})$$

（2）派息。

$$P_{A_i} = P_{B_i} - \&_{TR}$$

（3）配股。

$$P_{A_i} = (P_{B_i} + P_{AL} \times \&_{AL})/(1 + \&_{AL})$$

（4）除权日开盘价格。

$$P_{A_0} = \frac{P_{B_0} + P_{AL} \times \&_{AL} - \&_{EA}}{1 + \&_{AL} + \&_{TR}}$$

即，除权参考价 $= \dfrac{股权登记日收盘价 + 配股价 \times 配股率 - 派息率}{1 + 送股率 + 配股率}$

（5）任一价格复权公式。

$$P_{A_i} = \frac{P_{B_i} + P_{AL} \times \&_{AL} - \&_{EA}}{1 + \&_{AL} + \&_{TR}}$$

2. 量价理论价格的复权公式

由 $\Delta = LP_{B_0} - LP_{A_0}$，则有以下公式：

（1）送股。

$$LP_{A_i} = LP_{B_i} - \Delta$$

（2）派息。

$$LP_{A_i} = LP_{B_i} - \Delta$$

（3）配股。

$$LP_{A_i} = LP_{B_i} - \Delta$$

（4）任一价格复权。

$$LP_{A_i} = LP_{B_i} - \Delta$$

其中

$$\Delta = LP_{B_0} - LP_{A_0} = LP_{B_0} - \ln\left(\frac{P_{B_0} + P_{AL} \times \&_{AL} - \&_{EA}}{1 + \&_{AL} + \&_{TR}}\right)$$

反推出绝对值下任一价格复权公式

$$P_{A_i} = \frac{P_{B_i} \times (P_{B_0} + P_{AL} \times \&_{AL} - \&_{EA})}{P_{B_0} \times (1 + \&_{AL} + \&_{TR})}$$

（5）价格复权系数 K_P。

令 $P_{A_i} = P_{B_i} \times K_P$，则有以下公式：

对数模式

$$LK_P + \Delta = 0$$

绝对值模式

$$K_P = \frac{P_{A_i}}{P_{B_i}} = \frac{P_{B_0} + P_{AL} \times \&_{AL} - \&_{EA}}{P_{B_0} \times (1 + \&_{AL} + \&_{TR})}$$

3. 量价系统价格复权与传统价格复权比较

目前市场通行采用的任一价格下的复权公式（绝对值模式）

$$P_{A_i} = \frac{P_{B_i} + P_{AL} \times \&_{AL} - \&_{EA}}{1 + \&_{AL} + \&_{TR}}$$

量价理论采用的任一价格下的复权公式（绝对值模式）

$$P_{A_i} = \frac{P_{B_i} \times (P_{B_0} + P_{AL} \times \&_{AL} - \&_{EA})}{P_{B_0} \times (1 + \&_{AL} + \&_{TR})}$$

对比两者在任一价格下的复权公式，有以下结论。

（1）当复权点的价格为除权前股权登记日收盘价时（$P_{B_i} = P_{B_0}$），两者的复权价格相等。

（2）当仅有送股时，两者复权价格相等。

（3）在其他情况下，两者复权价格不等。

（四）量价理论的成交量除权、复权

1. 成交量除权、复权

成交量除权、复权的意义上面已经讨论，这里不再累述。

成交量的复权按照复权前后市场交易资金量的一致性原则进行计算，即要满足以下等式

$$K_P \times K_V = 1$$

其中，K_P 是价格复权系数，K_V 是成交量复权系数。

由于 $K_P = P_{A_i}/P_{B_i}$，且其中

$$P_{A_i} = \frac{P_{B_i} \times (P_{B_0} + P_{AL} \times \&_{AL} - \&_{EA})}{P_{B_0} \times (1 + \&_{AL} + \&_{TR})}$$

推有

$$K_P = \frac{P_{A_i}}{P_{B_i}} = \frac{P_{B_0} + P_{AL} \times \&_{AL} - \&_{EA}}{P_{B_0} \times (1 + \&_{AL} + \&_{TR})} = \frac{P_{A_0}}{P_{B_0}}$$

故成交量除（复）权系数 K_V

$$K_V = \frac{1}{K_P} = \frac{P_{B_i}}{P_{A_i}} = \frac{P_{B_0} \times (1 + \&_{AL} + \&_{TR})}{P_{B_0} + P_{AL} \times \&_{AL} - \&_{EA}}$$

任一复权点的成交量复权公式如下所示

$$V_{A_i} = K_V \times V_{B_i}$$

2. 价格、成交量的累次复权系数

$$K_P = K_{P_1} \times K_{P_2} \times K_{P_3} \cdots$$

$$K_V = K_{V_1} \times K_{V_2} \times K_{V_3} \cdots$$

（五）示例说明量价复权方式的计算

某只股票从 1 元（P_{B_1}）开始上涨，1 元处成交量 $V_{B_1} = 1000$ 股；涨至 100 元（P_{B_2}），100 元处成交量 $V_{B_2} = 1000$ 股；后下跌至 80 元（P_{B_3}）收盘，80 元处成交量 $V_{B_3} = 1000$ 股。此时，公司进行分红扩股，实施（税前）每 10 股送 10 股，每 10 股派股息 30 元，配 1 股，配股价 20 元。

对上述 3 个除权价格（P_{B_1}、P_{B_2}、P_{B_3}）进行（前）复权，分别用 P_{A_1}、P_{A_2}、P_{A_3} 表示。

1. 目前市场复权系统对价格及成交量的复权计算

（1）价格复权。

$P_{A_1} = （1 + 20 \times 0.1 - 3）／（1 + 1 + 0.1）= 0$（元），$P_{A_2} = （100 + 20 \times 0.1 - 3）／（1 + 1 + 0.1）\approx 47.14$（元），$P_{A_3} = （80 + 20 \times 0.1 - 3）／（1 + 1 + 0.1）\approx 37.62$（元）。

（2）成交量复权：不复权。

$V_{A_1} = 1000$（股），$V_{A_2} = 1000$（股），$V_{A_3} = 1000$（股）。

（3）复权前后交易资金量 Q 对比。

$Q_{B_1} = 1 \times 1000 = 1000$（元），$Q_{A_1} = 0 \times 1000 = 0$（元），$Q_{B_2} = 100 \times 1000 = 100000$（元），$Q_{A_2} = 47.14 \times 1000 = 47140$（元），$Q_{B_3} = 80 \times 1000 = 80000$（元），$Q_{A_3} = 37.62 \times 1000 = 37620$（元）。

以上可以看出目前市场复权系统下的两个问题：①除权前后资金量不相等；②除权后的价格可能为 0 或负值。

2. 量价理论复权系统对价格及成交量的复权计算

（1）价格复权。

$P_{A_1} = 1 \times （80 + 20 \times 0.1 - 3）／[80 \times （1 + 1 + 0.1）] \approx 0.47$（元），$P_{A_2} = 100 \times （80 + 20 \times 0.1 - 3）／[80 \times （1 + 1 + 0.1）] \approx 47.02$（元），$P_{A_3} = 80 \times （80 + 20 \times 0.1 - 3）／[80 \times （1 + 1 + 0.1）] = 37.62$（元）。

（2）成交量复权。

$V_{A_1} = 1000 \times 80 \div 37.62 \approx 2126.5$（股），$V_{A_2} = 1000 \times 80 \div 37.62 \approx 2126.5$（股），$V_{A_3} = 1000 \times 80 \div 37.62 \approx 2126.5$（股）。

（3）复权前后交易资金量 Q 对比。

$Q_{B_1} = 1 \times 1000 = 1000$ （元），$Q_{A_1} = 0.47 \times 2126.5 \approx 1000$ （元），$Q_{B_2} = 100 \times 1000 = 100000$ （元），$Q_{A_2} = 47.02 \times 2126.5 \approx 100000$ （元），$Q_{B_3} = 80 \times 1000 = 80000$ （元），$Q_{A_3} = 37.62 \times 2126.5 \approx 80000$ （元）。

可以看出，量价复权方式下，除权资金量与复权资金量是一致的，且复权价格永远不会等于 0 或负值。

（六）实践中相对简单的量价复权计算

上面讨论了量价复权公式，过程很是麻烦，如此是为了说明其原理。在实践中可以通过相对简单的公式计算，对任一价格进行量价复权。

价格除权系数

$$K_P = \frac{P_{A_i}}{P_{B_i}} = \frac{P_{B_0} + P_{AL} \times \&_{AL} - \&_{EA}}{P_{B_0} \times (1 + \&_{AL} + \&_{TR})} = \frac{P_{A_0}}{P_{B_0}}$$

股票软件设置为"不复权"状态，然后统计每次的除权前股权登记日收盘价 P_{B_0}；完成后，股票软件设置为"前复权"状态，对同一价格进行统计，该价格即为同次复权价 P_{A_0}；利用以上两个数据以及价格除权公式，可计算出本次复权系数

$$K_{P_i} = \frac{P_{A_0}}{P_{B_0}}$$

历次累计的价格复权系数同为

$$K_P = K_{P_1} \times K_{P_2} \times K_{P_3} \cdots$$

成交量各次及累计的复权系数利用两者的关系公式导出

$$K_{P_i} \times K_{V_i} = 1$$
$$K_P \times K_V = 1$$

四、量价图（VP 图）的成图

（一）建立量价图坐标系

在平面中建立二维直角坐标系，价格设为纵坐标，采用绝对值坐标，标值为 P；成交量设为横坐标，标值为 V。对数模式量价图坐标为 $LP - V$，由价格绝对值模式图直接转化。

（二）数据采集

目前的数据来源为 K 线系统，打开相应证券品种的 K 线图，下载或统计

所需价格、成交量数据。时段的选择可以根据精度的要求进行调整，例如可以采用日线级别或 1 分钟数据（从理论上来说，量价图只有采用"分笔成交"数据才没有误差，否则误差就存在。但实际操作中是可以存在一定误差的）。

本书所有的图、表，主要采用日 K 线数据成图。

（三）几点说明及注意

（1）量价理论以结构分析作为重点，阶段性高低点很可能是结构节点。所以阶段性数据采集时常常以高低点为区段进行，并且对高低点的数据采集的精度要求较高。

（2）期货交易一般采用各品种的加权指数而非主力合约来绘制量价图。但要注意的是，期货市场交易以具体合约而不是加权指数作为交易标的，各具体合约具有更高的量价敏感度及可操作性。引入期货加权指数仅是为了更简单地进行量价结构分析并对具体合约的操作起到指引的作用。一般不建议绘制具体合约的量价图，如果确实需要绘制主力合约或某个具体合约的量价图，建议仅对交易活跃段进行绘制。

现货交易常无法统计成交量数据从而无法进行量价分析，可参考对应品种的期货交易分析数据进行指引。

（3）结构的大小与结构的稳定性存在着正相关的关系，因此在一般情况下，为了不遗漏更大的结构，要绘制证券品种的全景量价图。全景量价图的绘制涉及全景图的起点问题，目前所有的股票软件只显示上市开盘后的交易数据，而没有显示发行价及发行量数据，那么问题就出来了：交易的起点是上市开盘还是 IPO（首次公开募股）发行呢？本书倾向性地认为，IPO 已经是市场交易行为，因此量及价交易数据的起点是 IPO 发行而不是上市开盘。

（四）量价图的成图（手工）

1. 利用 CAD（绘图软件）绘制价格绝对值模式量价图

（1）在 CAD 中建立一个文件并命名证券名称。

（2）确定绝对值坐标系：横轴为成交量 V，纵轴为价格 P，建立网格或栅格。根据所分析结构的图纸范围大小分别设定适当的两轴的比例。

（3）数据采集：利用股票软件下载相应量、价（除权）数据及除权信息到 EXCEL 表，对价格、成交量进行量价复权处理，形成 EXCEL 坐标数据文档。当然也可以手工采集数据。

（4）用 EXCEL 表格数据形成量价图成图的标准模板，导入 CAD 成图。

2. 绘制价格对数模式量价图

绘制完成价格绝对值模式量价图后，将其中的价格绝对值转化为价格对数，绘制出价格对数模式量价图。

具体过程，特别是数据处理过程相当烦琐，成图将耗费大量的时间与精力。希望很快能见到量价（VP）软件系统。

五、量价图成图及量价除（复）权实例

以贵州茅台为例，说明量价图的画法及量价复权。

（一）数据下载截止日及来源

数据下载截止时间：2019 年 1 月 9 日。数据来源：通达信（日线）。

（二）具体步骤

1. K 线数据下载

打开通达信股票软件→在"系统"打开"盘后数据下载"→选择"600519""日线行情""2001.08.27—2019.01.09"→"下载"→"系统"中打开"数据导出""高级导出""日线"→选择"不复权"→导出 600519 的不复权数据并存为 *EXCEL* 文件→打开数据文件（见图 2 – 4）。

2. 数据整理

保留下载的 EXCEL 数据表列中"日期""开盘""最高""最低""收盘""成交量"，进行数据整理（见图 2 – 5）。

3. 收集除权数据

从 K 线图（或 F10 资料）中找到历次除权数据，以 EXCEL 表格方式保存并存入数据表（见图 2 – 6）。

4. 计算各次价格复权系数 K_{P_i} 及累次价格复权系数 K_P

价格复权系数公式

$$K_{P_i} = \frac{P_{A_i}}{P_{B_i}} = \frac{(P_{B_0} + P_{AL} \times \&_{AL} - \&_{EA})}{P_{B_0} \times (1 + \&_{AL} + \&_{TR})}$$

600519 贵州茅台 日线 不复权						
日期	开盘	最高	最低	收盘	成交量	成交额
08/27/2001	34.51	37.78	32.85	35.55	40631800	1410347136
08/28/2001	34.99	37	34.61	36.86	12964700	463463136
08/29/2001	36.98	37	36.1	36.38	5325200	194689616
08/30/2001	36.28	37.51	36	37.1	4801300	177558560
08/31/2001	37.15	37.62	36.8	37.01	2323100	86231000
09/03/2001	37.2	37.57	36.85	36.99	2211200	82129440
09/04/2001	37.01	38.08	36.88	37.46	3700600	139204384
09/05/2001	37.61	37.92	37.21	37.44	2606600	97796240
09/06/2001	37.35	37.47	36.51	36.7	2899700	107078400
			...			
			...			
			...			
12/25/2018	562.22	567.5	553.61	565.79	2659286	1490157568
12/26/2018	563.81	568.4	558	560.08	1786620	1005617664
12/27/2018	570	571.85	562.22	563	2949357	1670211328
12/28/2018	563.3	596.4	560	590.01	6367837	3705150464
01/02/2019	609.98	612	595.01	598.98	6228649	3754387968
01/03/2019	599.97	601.66	585.8	590	3097735	1838179200
01/04/2019	587.28	607.67	582.02	602	3768347	2258501376
01/07/2019	608	612	602.22	605.49	3475013	2105981440
01/08/2019	605.5	612	600.28	604.79	2883813	1750413184
01/09/2019	609.99	626.16	609.04	616.12	4989227	3084214784

图 2 - 4　贵州茅台不复权数据

日期	开盘	最高	最低	收盘	成交量	
08/27/2001	34.51	37.78	32.85	35.55	40631800	
08/28/2001	34.99	37	34.61	36.86	12964700	
08/29/2001	36.98	37	36.1	36.38	5325200	
08/30/2001	36.28	37.51	36	37.1	4801300	
08/31/2001	37.15	37.62	36.8	37.01	2323100	
09/03/2001	37.2	37.57	36.85	36.99	2211200	
09/04/2001	37.01	38.08	36.88	37.46	3700600	
09/05/2001	37.61	37.92	37.21	37.44	2606600	
09/06/2001	37.35	37.47	36.51	36.7	2899700	
			...			
			...			
12/25/2018	562.22	567.5	553.61	565.79	2659286	
12/26/2018	563.81	568.4	558	560.08	1786620	
12/27/2018	570	571.85	562.22	563	2949357	
12/28/2018	563.3	596.4	560	590.01	6367837	
01/02/2019	609.98	612	595.01	598.98	6228649	
01/03/2019	599.97	601.66	585.8	590	3097735	
01/04/2019	587.28	607.67	582.02	602	3768347	
01/07/2019	608	612	602.22	605.49	3475013	
01/08/2019	605.5	612	600.28	604.79	2883813	
01/09/2019	609.99	626.16	609.04	616.12	4989227	

图 2 - 5　整理贵州茅台不复权数据

股权登记日	登记日收盘价	每股红利	送转股率	配股率	配股价
2002.07.24	36.4	0.6	0.1		
2003.07.11	25.7	0.2	0.1		
2004.06.30	33.85	0.3	0.3		
2005.08.04	55.51	0.5	0.2		
2006.04.25	91.41	0.891	1.12		
2007.07.12	114.37	0.7			
2008.06.13	149.49	0.836			
2009.06.30	148.01	1.156			
2010.07.02	127.68	1.185			
2011.06.30	212.63	2.3	0.1		
2012.07.04	258.31	3.997			
2013.06.06	201.66	6.419			
2014.06.24	163.57	4.374	0.1		
2015.07.16	251.58	4.374	0.1		
2016.06.30	291.92	6.171			
2017.07.06	455.98	6.787			
2018.06.14	786.13	10.999			

图 2-6 贵州茅台历次除权数据

$$K_P = K_{P_1} \times K_{P_2} \times K_{P_3} \cdots$$

计算成果如图 2-7 所示。

股权登记日	登记日收盘价(P_{BQ})	每股红利($\&_{EA}$)	送转股率($\&_{TR}$)	配股率	配股价(P_{AL})	K_{P_i}	K_P
2002.07.24	36.4	0.6	0.1			0.8941	0.8941
2003.07.11	25.7	0.2	0.1			0.9020	0.8065
2004.06.30	33.85	0.3	0.3			0.7624	0.6149
2005.08.04	55.51	0.5	0.2			0.8258	0.5078
2006.04.25	91.41	0.891	1.12			0.4671	0.2372
2007.07.12	114.37	0.7				0.9939	0.2357
2008.06.13	149.49	0.836				0.9944	0.2344
2009.06.30	148.01	1.156				0.9922	0.2326
2010.07.02	127.68	1.185				0.9907	0.2304
2011.06.30	212.63	2.3	0.1			0.8993	0.2072
2012.07.04	258.31	3.997				0.9845	0.2040
2013.06.06	201.66	6.419				0.9682	0.1975
2014.06.24	163.57	4.374	0.1			0.8848	0.1748
2015.07.16	251.58	4.374	0.1			0.8933	0.1561
2016.06.30	291.92	6.171				0.9789	0.1528
2017.07.06	455.98	6.787				0.9851	0.1505
2018.06.14	786.13	10.999				0.9860	0.1484

图 2-7 贵州茅台各次价格复权系数及累次价格复权系数计算成果

5. 计算各次成交量复权系数 K_{V_i} 及累次成交量复权系数 K_V

各次成交量复权系数 K_{V_i} 及累次成交量复权系数 K_V 的计算公式如下所示，计算成果如图 2-8 所示。

$$K_{V_i} = \frac{1}{K_{P_i}}$$

$$K_V = K_{V_1} \times K_{V_2} \times K_{V_3} \cdots$$

股权登记日	登记日收盘价 (P_{BO})	每股红利 $(\&_{EA})$	送转股率 $(\&_{TR})$	配股率 $(\&_{AL})$	配股价 $(\&_{AL})$	K_{p_i}	K_p	K_{V_i}	K_V
2002.07.24	36.4	0.6	0.1			0.8941	0.8941	1.1184	1.1184
2003.07.11	25.7	0.2	0.1			0.9020	0.8065	1.1086	1.2399
2004.06.30	33.85	0.3	0.3			0.7624	0.6149	1.3116	1.6263
2005.08.04	55.51	0.5	0.2			0.8258	0.5078	1.2109	1.9693
2006.04.25	91.41	0.891	1.12			0.4671	0.2372	2.1409	4.2161
2007.07.12	114.37	0.7				0.9939	0.2357	1.0062	4.2420
2008.06.13	149.49	0.836				0.9944	0.2344	1.0056	4.2659
2009.06.30	148.01	1.156				0.9922	0.2326	1.0079	4.2995
2010.07.02	127.68	1.185				0.9907	0.2304	1.0094	4.3397
2011.06.30	212.63	2.3	0.1			0.8993	0.2072	1.1120	4.8259
2012.07.04	258.31	3.997				0.9845	0.2040	1.0157	4.9018
2013.06.06	201.66	6.419				0.9682	0.1975	1.0329	5.0629
2014.06.24	163.57	4.374	0.1			0.8848	0.1748	1.1302	5.7222
2015.07.16	251.58	4.374	0.1			0.8933	0.1561	1.1195	6.4058
2016.06.30	291.92	6.171				0.9789	0.1528	1.0216	6.5442
2017.07.06	455.98	6.787				0.9851	0.1505	1.0151	6.6430
2018.06.14	786.13	10.999				0.9860	0.1484	1.0142	6.7373

图 2-8 贵州茅台各次成交量复权系数及累次成交量复权系数计算成果

6. 数据处理：对每一量价点进行量价复权

对下载的不复权（除权）数据进行复权处理的公式如下所示，贵州茅台各次价格及成交量复权计算成果如图 2-9 所示。

$$P_{复权} = P_{不复权} \times K_P$$

$$V_{复权} = V_{不复权} \times K_V$$

日期	除权开盘	除权最高	除权最低	除权收盘	成交量		复权开盘	复权最高	复权最低	复权收盘	复权成交量
08/27/2001	34.51	37.78	32.85	35.55	40631800		5.12	5.61	4.87	5.28	273748626
08/28/2001	34.99	37	34.61	36.86	12964700		5.19	5.49	5.14	5.47	87347073
08/29/2001	36.98	37	36.1	36.38	5325200		5.49	5.49	5.36	5.40	35877470
08/30/2001	36.28	37.51	36	37.1	4801300		5.38	5.57	5.34	5.51	32347798
08/31/2001	37.15	37.62	36.8	37.01	2323100	$K_P=0.1484$	5.51	5.58	5.46	5.49	15651422
09/03/2001	37.2	37.57	36.85	36.99	2211200	$K_V=6.7373$	5.52	5.58	5.47	5.49	14897518
09/04/2001	37.01	38.08	36.88	37.46	3700600		5.49	5.65	5.47	5.56	24932052
09/05/2001	37.61	37.92	37.21	37.44	2606600		5.58	5.63	5.52	5.56	17561446
09/06/2001	37.35	37.47	36.51	36.7	2899700		5.54	5.56	5.42	5.45	19536149
		…						…			
		…						…			
		…						…			
12/25/2018	562.22	567.5	553.61	565.79	2659286		562.22	567.50	553.61	565.79	2659286
12/26/2018	563.81	568.4	558	560.08	1786620		563.81	568.40	558.00	560.08	1786620
12/27/2018	570	571.85	562.22	563	2949357		570.00	571.85	562.22	563.00	2949357
12/28/2018	563.3	596.4	560	590.01	6367837	$K_P=1$	563.30	596.40	560.00	590.01	6367837
01/02/2019	609.98	612	595.01	598.98	6228649	$K_V=1$	609.98	612.00	595.01	598.98	6228649
01/03/2019	599.97	601.66	585.8	590	3097735		599.97	601.66	585.80	590.00	3097735
01/04/2019	587.28	607.67	602.02	602	3768347		587.28	607.67	602.02	602.00	3768347
01/07/2019	608	612	602.22	605.49	3475013		608.00	612.00	602.22	605.49	3475013
01/08/2019	605.5	612	600.28	604.79	2883813		605.50	612.00	600.28	604.79	2883813
01/09/2019	609.99	626.16	609.04	616.12	4989227		609.99	626.16	609.04	616.12	4989227

图 2-9 贵州茅台各次价格及成交量复权计算成果

注意：对历年的量、价进行复权时，要选取对应的复权系数。

例如：对 2002 年 7 月 24 日及之前的数据复权，$K_V = 6.7373$，$K_P = 0.1484$；

对 2002 年 7 月 24 日至 2003 年 7 月 11 日之间数据复权，$K_V = 6.6430$，$K_P = 0.1505$；

……

对 2017 年 7 月 6 日至 2018 年 6 月 14 日之间数据复权，$K_V = 1.1184$，$K_P = 0.8941$；

对 2018 年 6 月 14 日至复权截止日（2019 年 1 月 9 日）之间数据复权，$K_V = 1$，$K_P = 1$。

直到下次除权，成交量及价格复权系数不会改变。

7. 价格对数化处理

为便于趋势通道分析及结构的直观化，在绘制价格绝对值模式量价图的基础上，同时绘制价格对数模式量价图，贵州茅台价格对数模式量价复权计算成果如图 2–10 所示。

复权开盘	复权最高	复权最低	复权收盘	复权成交量		复权开盘（对数）	复权最高（对数）	复权最低（对数）	复权收盘（对数）
5.12	5.61	4.87	5.28	273748626		1.633405189	1.723935914	1.584107797	1.663096208
5.19	5.49	5.14	5.47	87347073		1.647218358	1.703073964	1.636298709	1.699283004
5.49	5.49	5.36	5.40	35877470		1.702533278	1.703073964	1.678448917	1.686175225
5.38	5.57	5.34	5.51	32347798		1.683422677	1.716763616	1.67567499	1.705773021
5.51	5.58	5.46	5.49	15651422		1.707119823	1.719691876	1.697653897	1.703344198
5.52	5.58	5.47	5.49	14897518		1.708464813	1.718361911	1.69901167	1.702803658
5.49	5.65	5.47	5.56	24932052		1.703344198	1.731845262	1.69982545	1.715429749
5.58	5.63	5.52	5.56	17561446		1.719426024	1.727634729	1.708733594	1.714895703
5.54	5.56	5.42	5.45	19536149		1.712488963	1.715696665	1.689742247	1.694932807
...	...	...	...	...		...	...	...	...
					复权对数价格=ln（复权绝对值价格）				
					...	...	...	...	
562.22	567.50	553.61	565.79	2659286		6.331893232	6.341240749	6.316460468	6.338222985
563.81	568.40	558.00	560.08	1786620		6.334717315	6.342825396	6.324358962	6.328079631
570.00	571.85	562.22	563.00	2949357		6.345636361	6.348876719	6.331893232	6.333279628
563.30	596.40	560.00	6367837		6.333812346	6.390911583	6.327936784	6.380139486
609.98	612.00	595.01	598.98	6228649		6.41342617	6.416732283	6.388578212	6.395228209
599.97	601.66	585.80	590.00	3097735		6.396879654	6.399692502	6.372978434	6.380122537
587.28	607.67	582.02	602.00	3768347		6.375501708	6.409631971	6.366504811	6.400257145
608.00	612.00	602.22	605.49	3475013		6.410174882	6.416732283	6.400622287	6.406038048
605.50	612.00	600.28	604.79	2883813		6.406054563	6.416732283	6.397396213	6.40488129
609.99	626.16	609.04	616.12	4989227		6.413442564	6.439605929	6.411883947	6.42344175

图 2–10　贵州茅台价格对数模式量价复权计算成果

8. CAD 绘制量价图

建立新的 CAD 文件（如命名 600519）→设定量价图比例参数（如设横坐标 V：0.00006 万手/mm，纵坐标 P：1000）→导入数据→成图。

图 2–11 为贵州茅台价格对数模式及价格绝对值模式全景量价图。

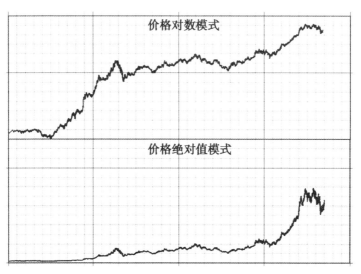

图 2−11　贵州茅台价格对数模式及价格绝对值模式全景量价图

六、关于 K 线图与量价图的结合

　　当每根 K 线对应的成交量相等时，K 线图与量价图完全等同，但在实践中这好像不可能。因此，K 线爱好者可以考虑将两者结合起来：在目前的 K 线图中将成交量包括进去，即设每一根 K 线的宽度值表示为成交量比例值。

　　当然，这仅是一个非推荐性的想法。

第三章
量价结构模型

一、量价结构模型及数学表达式

量价图的基本分析方法：第一步，设定任一分析点 D_i，确立关于该点的各级结构；第二步，计算出需分析的各级结构的结构基础参数；第三步，根据价格结构表达式以及节点值，导出各个结构的节点通道即价格节点结构阻力线，并分析该点价格与结构阻力线的位置关系；第四步，计算该点所分析结构的成交量结构系数，并比对该值与成交量节点值的趋近程度。根据上述的技术分析结果，合理判断所分析的量价点的阻力情况，即该点是否已经成为或趋向于成为价格结构或成交量结构的顶点或底点，从而给出该点阻力大小的合理判断，并进行相应的市场操盘。

为了便于理解与分析，本书给出一个 abc 结构模型，它是量价结构理论的分析基础，所有的量价结构均源于此并终于此结构（见图 3-1）。

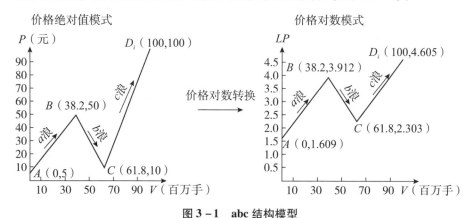

图 3-1　abc 结构模型

图 3-1 包括以下几部分内容。

（1）结构模型由 4 个结构点（A、B、C、D_i 点）和 3 浪（a 浪、b 浪、c

浪）组成。

（2）a 浪、b 浪为基础浪，合称为"结构基础"，由 A、B、C 点所圈定的部分组成；c 浪为推演浪，被称为"结构拓延"，由 C、D_i 点所圈定的部分组成。A、B、C、D_i4 个点被称为"结构点"或"结构节点"，其中结构 A 点、结构 B 点、结构 C 点为已知点，D_i 点为目前运行点，当结构完成拓延时，D_i 点被称为结构 D 点。

（3）结构表达式：一个被认为完成的结构，其结构 D 点的量、价满足下列关系式。

①价格结构表达式。

价格绝对值模式

$$P_D = P_C \times (P_B/P_A)^{\beta_P}$$

价格对数模式

$$LP_D = LP_C + (LP_B - LP_A) \times \beta_p$$

②成交量结构表达式。

$$V_D = V_C + (V_C - V_A) \times \beta_V \text{ 或 } V_c = V_{a+b} \times \beta_V$$

其中，β_p 为价格节点值，β_V 为成交量节点值，$V_c = V_D - V_C$，$V_{a+b} = V_C - V_A$。

（4）量价理论分析推测的对象是 c 浪和结构 D 点，即分析判断当前量价点 D_i 达到什么位置（坐标）时，其所具有的成交量结构系数、价格结构系数等于或趋于节点值，从而判断当前结构是否已经完成（或趋于完成）以及量价点 D_i 是否可能成为结构 D 点。

二、结构模型说明

（1）结构模型为 3 浪 4 点的 abc 结构模型，其中包含了两种信息：一是结构本身；二是结构要素间的数量关系，即价格结构表达式及成交量结构表达式。后文将详细讨论结构确定与当前量价点间的关系。

（2）结构模型及结构表达式表明了证券当前价格及成交量的结构值会受到历史走势的制约。但结构表达式并非表明历史（结构基础）会完全决定现在或未来（结构拓延）：一方面，结构本身由当前量价点决定；另一方面，关系式中有一个结构节点值 β，节点值的不同将导致确定的历史可能有不同的未来。也就是说，"历史提供可能，现实进行选择"。

（3）无论实际表现出来的浪形有多复杂，其均由结构模型进行复制、分裂、扩展及变异。从这个意义上讲，所有繁杂的结构都可以缩放或变形为一个标准的结构模型，或者说，所有的结构都是统一的，具有一致性。这个结构可以包容所有证券种类，包括股票、期货、债券、外汇等的市场结构波动行为。

（4）结构模型是证券运行的内在规律性表现，它保证了运行的有序性及低能耗，且结构的规模越大，其结构性的特点越明显。当环境大致稳定时，结构趋于完成的趋势就不会改变；当环境因素出现异常时，它会渗入结构中并造成目前结构的畸变（量价节点值的变化），这种畸变最终会演变为结构的一部分。因此从市场交易的意义来讲，结构是永恒的。

（5）标准结构模型由 a 浪、b 浪、c 浪构成，各浪间的逻辑关系为"$a+b$"浪与 c 浪间满足价格结构表达式及成交量结构表达式。事实上，结构中的 b 浪与 a 浪间（或 c 浪与 b 浪间）也存在前述量价关系式，即"$a \rightarrow b$"，本书将这种只有 2 浪的特殊结构称为 ab 结构或极结构。

（6）结构模型是一个理想模型，在实际的量价图中，我们很难发现一个已完成结构的结构系数与节点值完全一致的情况，即很难出现百分之百"完美"的结构。原因其实不难理解：这个世界中，包括结构在内的每一个存在，如同"飘舞的雪花"或"翻飞的树叶"，在自我迭代生存的同时存在着变化；重复是存在的基础，而变化是存在的意义，变化的方向是自我完美。反言之，任何存在包括生命，都无法达到完美，完美即是终点。

当外界环境因素与自身结构间产生不平衡时，会引起结构的偏差甚至畸变，这种结构畸变的本质是对原结构的一种改变，而任何对原有结构的改变都会引发结构的自我修复，即引发结构阻力，结构阻力与结构的改变程度呈正相关关系。

最后强调的是，证券的标准结构模型分析价值在于，由已知的 A、B、C 点的坐标值（V，P）通过量与价的结构表达式构建出的趋势模型，可以在技术上（不考虑外部环境影响的前提下）合理推导出该结构完成时结构 D 点可能的坐标：结构 D 点能到什么价格，且以何量到达。

三、结构模型及结构关系式案例展示

前文提出在任何一个已经完成的或趋于完成的结构中，结构基础与结构拓延间的量及价存在着内在的逻辑关系，即满足价格结构表达式及成交量结构表达式

$$LP_D = LP_C + (LP_B - LP_A) \times \beta_P$$
$$V_D = V_C + (V_C - V_A) \times \beta_V$$

当结构系数 $K_P = \beta_P$ 时，或 $K_V = \beta_V$ 时，当前结构便具有完成并趋于稳定的倾向，表现为该结构在当前趋势下继续运行会受到结构阻力。下面通过案例进行说明。

（一）股票案例：平安银行（000001）

数据来源：通达信。

数据起止时间：2008 年 9 月至 2021 年 7 月。

目的：根据 abc 结构模型计算结构顶点 D 的坐标。

1. 区间日 K 线图（见图 3 – 2）

图 3 – 2　平安银行区间日 K 线图（价格绝对值模式）

2. 区间量价图（价格绝对值模式）（见图 3 – 3）

复权截止时间：2021 年 7 月。

3. 量价图 abc 结构分析

图 3 – 3 中的 A、B、C、D 点构成了一个已完成的 4 点 3 浪的 abc 结构，本例通过计算其结构基础与结构拓延间的量、价结构系数来说明量、价结构关系式的应用。

（1）数据计算与整理。

量价图根据实际数据按比例精确绘制，图中可以看到各点的坐标。

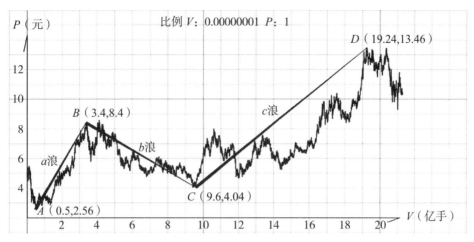

图 3 – 3　平安银行区间量价图（价格绝对值模式）

A 点的成交量坐标为 0.5，价格坐标为 2.56 元，A 点的绝对值坐标为 (0.5，2.56)。相同地，B 点绝对值坐标为 (3.4，8.4)，C 点绝对值坐标为 (9.6，4.04)。

（2）结构模型。

如图 3 – 3 所示，4 点 3 浪 abc 结构已构建完成，其中 A、B、C（a 浪 $+b$ 浪）部分构成关于 D 点的结构基础，C、D（c 浪）部分构成关于 D 点的结构拓延。

（3）结构模型量、价表达式计算。

根据价格结构表达式与成交量结构表达式，通过 A、B、C 点的坐标推测 D 点坐标值。

①价格绝对值模式。

价格结构表达式

$$P_D = P_C \times (P_B/P_A)^{\beta_P}$$

成交量结构表达式

$$V_D = V_C + (V_C - V_A) \times \beta_V$$

代入各点坐标，计算可得，$P_D = 4.04 \times (8.4/2.56)^{\beta_P} = 4.04 \times 3.28^{\beta_P}$，$V_D = 9.6 + (9.6 - 0.5) \times \beta_V = 9.6 + 9.1 \times \beta_V$。

当 $\beta_P = 1$、$\beta_V = 1$ 时，计算可得 $P_D = 4.04 \times 3.28^1 = 13.25$，$V_D = 9.6 + (9.6 - 0.5) \times 1 = 18.7$。

②价格对数模式。

价格结构表达式

$$LP_D = LP_C + (LP_B - LP_A) \times \beta_P$$

成交量结构表达式

$$V_D = V_C + (V_C - V_A) \times \beta_V$$

计算有 $LP_D = \ln (4.04) + [\ln (8.4) - \ln (2.56)] \times \beta_P = 1.40 + 1.19 \times \beta_P$，$V_D = 9.6 + (9.6 - 0.5) \times \beta_V = 9.6 + 9.1 \times \beta_V$。

同样当 $\beta_P = 1$、$\beta_V = 1$ 时，计算可得，$LP_D = 2.59$，$V_D = 18.7$。

将对数价格反推出绝对值价格，计算可得，$P_D = e^{2.59} \approx 13.33$。

上面关于结构 D 点的价格与成交量的计算表示：①无论采用价格绝对值模式还是价格对数模式，在运用结构表达式对结构 D 点的坐标进行推算时，其结果几乎是一致的；②当结构运行至特定量价点 D（该点成交量值为18.7）时，当前结构将完成成交量结构拓延并表现出继续拓延的阻力性质；③当结构运行至特定量价点 D（该点的价格为 13.33 元）时，当前结构将完成价格结构的拓延并表现出继续拓延的阻力性质；④在关于量及价的计算中，本例采用的量、价节点值均为1，1 为基准节点值，所对应的量或价结构被称为基准结构。上式计算结果也可表述为：当量价点 D 的横坐标值为18.7时，D 点将受到量结构的基准节点阻力；当 D 点的纵坐标值为13.33元时，D 点将受到价结构的基准节点阻力。当 D 点的量及价坐标同时达到上述数值时，D 点将同时受到量结构及价结构的基准节点阻力；⑤关于节点值的取值将在下文相关章节另行讨论。

4. 结构顶点 D 的推算值与实际值的误差

图 3 - 3 给出了顶点 D 的市场实际量价坐标，即（19.24，13.46）。下面对实际值与推算值进行误差计算。

成交量结构误差（相对基准结构）$\delta_V = [(19.24 - 9.6) / (9.6 - 0.5) - 1] / 1 \approx 5.93\%$。

价格结构误差（相对基准结构）$\delta_P = [(\ln 13.46 - \ln 4.04) / (\ln 8.4 - \ln 2.56) - 1] / 1 \approx 1.28\%$。

5. 结论

通过计算，本案例中市场实际顶点的坐标与结构表达式推算的顶点坐标间的误差有限（±10% 范围内），说明运用量、价结构表达式对结构顶点或底点进行推算具有可行性。

注：本例数据下载截止时间为 2021 年 7 月，采用日 K 线数据绘制量价图。不同的下载截止日，复权的不同可能将造成数据上的差异，但这种差异是整体性差异，不影响结构计算结果，包括误差的分析精度。

6. 结构的分裂

为了进一步说明 abc 结构模型的可分裂与可合并属性，在同一张图中，我们继续细分出更小的结构，看看它们是否还符合量、价结构表达式。

我们把上图中的 c 浪（C 点至 D 点部分）提取出来，把它分成子 I 级的 abc 结构模型，如图 3 - 4 所示。

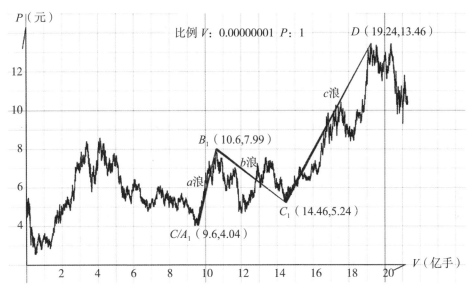

图 3 - 4　平安银行子 I 级的 abc 结构模型（价格绝对值模式）

通过与上文相同的计算，可以发现与上面的母结构相比，该子结构同样可以通过量、价结构表达式对顶点 D 的坐标进行推算。其中成交量节点值仍然是 1，但价格节点值 β_P 发生了变化（此时 $\beta_P = 1.382$）。具体的运算过程，这里不再重复，感兴趣的读者可以自己计算验证。

（二）期货案例之一：RUL9 橡胶指数

目的：根据 abc 结构模型推算结构顶点 D 的坐标。

数据来源：文华财经。

数据起止时间：2001 年 12 月至 2011 年 2 月。

1. 区间日 K 线图

图 3－5 为 RUL9 橡胶指数区间日 K 线图，图中可以划分出区间内的 abc 结构：由 A、B、C、D 四点及 a 浪、b 浪、c 浪组成。

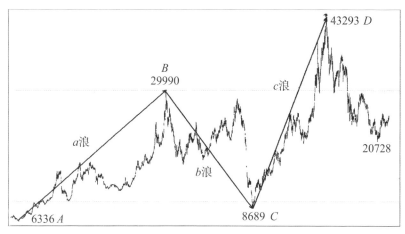

图 3－5　RUL9 橡胶指数区间日 K 线图（价格绝对值模式）

2. 区间量价图（价格对数模式）

将 K 线图的量、价数据进行处理，得到区间量价图（价格对数模式），如图 3－6 所示。

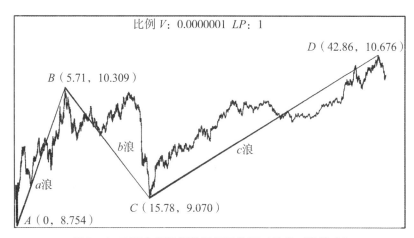

图 3－6　RUL9 橡胶指数区间量价图（价格对数模式）

3. 量价图 abc 结构分析

（1）数据计算与整理。

设 A 点为起点，成交量值为 0，价格 6336 元/手，价格对数值 $LP_A =$ ln6336 = 8.754，得到图中 A 点的坐标值（0，8.754）。

B 点：A 点到 B 点共成交了 5.71 百万手，B 点价格为 29990 元/手，同理得到图中 B 点坐标值为（5.71，10.309）。

C 点：A 点到 C 点共成交 15.78 百万手，C 点价格为 8689 元/手，图中 C 点坐标值为（15.78，9.070）。

D 点：A 点到 D 点共成交 42.86 百万手，D 点价格为 43293 元/手，图中 D 点坐标值为（42.86，10.676）。

（2）结构：如图 3 - 6 所示，4 点 3 浪 abc 结构已构建完成。

（3）根据量、价结构表达式推算 D 点可能的坐标值。

价格结构表达式

$$LP_D = LP_C + (LP_B - LP_A) \times \beta_P$$

成交量结构表达式

$$V_D = V_C + (V_C - V_A) \times \beta_V$$

令 $\beta_P = 1$、$\beta_V = 1.618$，计算可得，$LP_D = 9.070 +$ （10.309 - 8.754）× 1 = 10.625，$V_D = 15.78 +$ （15.78 - 0）× 1.618 ≈ 41.312。反推出绝对值价格：$P_D = e^{10.625} = 41150.856$（元/手）。

4. 结构顶点 D 的理论推算坐标与实际坐标间的误差

顶点 D 的市场实际量价坐标为（42.86，10.676），下面对实际值与推算值进行误差计算。

成交量结构误差 $\delta_V =$ [（42.86 - 15.78）/（15.78 - 0）- 1.618]/1.618 ≈ 6.06%。

价格结构误差 $\delta_P =$ [（10.676 - 9.070）/（10.309 - 8.754）- 1]/1 ≈ 3.28%。

5. 结论

通过对 RUL9 橡胶指数区间结构的计算，可以发现市场实际结构顶点的坐标与理论推测的结构顶点坐标间的误差较小，在 10% 的可接受范围内，说明运用量、价结构表达式对结构顶点或底点进行推算具有可行性。

（三）期货案例之二：WTI原油指数

目的：根据abc结构模型计算结构顶点D的坐标。

数据来源：文华财经。

数据起止时间：2008年7月至2016年2月。

1. 区间日K线图

如图3-7所示，K线图中可以划分出区间内的4点3浪abc结构：A、B、C、D点及a浪、b浪、c浪。

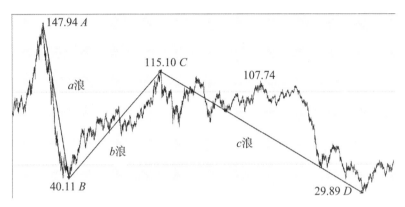

图3-7　WTI原油指数区间日K线图（价格绝对值模式）

2. 量价图（价格对数模式）（见图3-8）

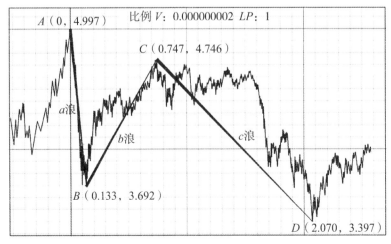

图3-8　WTI原油指数量价图（价格对数模式）

3. 量价图 abc 结构分析

（1）数据计算与整理。

设 A 点为起点，成交量为 0，价格为 147.94 美元/桶，价格对数值 $LP_A =$ ln（147.94）≈ 4.997，得到图中 A 点的坐标值（0，4.997）。

B 点：A 点到 B 点共成交了约 66.5 百万手，按图比例得到成交量坐标值：$66500000 \times 0.000000002 = 0.133$。$B$ 点价格为 40.11 美元/桶，价格对数值 $LP_B =$ ln（40.11）≈ 3.692，得到图中 B 点坐标值为（0.133，3.692）。

C 点：A 点到 C 点共成交了约 373.5 百万手，C 点价格为 115.10 美元/桶，得到图中 C 点坐标值为（0.747，4.746）。

D 点：A 点到 D 点共成交了约 1035 百万手，D 点价格为 29.89 美元/桶，得到图中 D 点坐标值为（2.070，3.397）。

（2）结构：如图 3-8 所示，4 点 3 浪 abc 结构已构建完成。

（3）根据量、价结构表达式推算 D 点可能的坐标值。

价格结构表达式

$$LP_D = LP_C + (LP_B - LP_A) \times \beta_P$$

成交量结构表达式

$$V_D = V_C + (V_C - V_A) \times \beta_V$$

当节点值 $\beta_P = 1$、$\beta_V = 1.618$ 时，计算可得，$LP_D = 4.746 +$（3.692 $-$ 4.997）$\times 1 = 3.441$，$V_D = 0.747 +$（0.747 $-$ 0）$\times 1.618 \approx 1.956$。反推出绝对值价格 $P_D = e^{3.441} \approx 31.22$（美元/手）。

4. 结构顶点 D 的推算值与实际值的误差

顶点 D 的市场实际量价坐标为（2.070，3.397），下面对实际值与推算值进行误差计算。

成交量结构误差 $\delta_V = [（2.070 - 0.747)/(0.747 - 0) - 1.618]/1.618 \approx 9.46\%$。

价格结构误差 $\delta_P = [（3.397 - 4.746)/(3.692 - 4.997) - 1]/1 \approx 3.37\%$。

5. 结论

通过对 WTI 原油指数区间结构计算，可以发现市场实际的结构顶点坐标与理论推算的结构顶点坐标间的误差较小，在 10% 的可接受范围内，说明运用量、价结构表达式对结构顶点或底点进行推测计算具有可行性。

四、案例总结及说明

（1）无论是价格结构还是成交量结构，在结构的完成阶段，均表现出了各自的结构特征：满足价格结构表达式，满足成交量结构表达式。因此，当实际市场中的某一量价点出现上述结构特征时，可以合理认为该点已完成或趋于完成当前（节点）结构，并认为其趋势的继续拓延将受到相应结构的阻力。

（2）当某一个量价点的结构系数趋近于某些特定值时，结构便表现出对当前趋势的阻力特征，结构阻力的作用可能直接导致该结构的构建完成并出现量价顶（底）点。本书将这种结构特征称为"结构节点化特征"，并将这些特定的值称为"结构节点值"。关于节点值后文将进一步进行计算与讨论。

（3）要特别注意的是，上述案例对"结构"的确定过程是模拟的或定性的，并非严格规范下对结构的划定，如此只是为了说明价格结构表达式或成交量结构表达式的应用过程及其可行性。关于结构的严格确定方法，后文将进一步讨论。

（4）上述各案例主要对分析点 D 的主结构进行了分析计算以说明量、价结构关系式的适用性，相同的结构分析方法同样适用于其子结构。只是随着结构的分裂，结构能比变大，相应的结构节点误差可能随之变大。

（5）案例的目的在于强调量价理论对结构的理解：量价 abc 结构模型及其量价表达式存在于量价图的所有大小结构之中，结构模型及其节点化特征是证券量价结构运行的基础。

第四章
市场运行成本

市场中各类证券的运行均由资金进行推动，为了便于技术分析，将资金量 Q 分解为加权均价 P^- 与成交量 V 的乘积，如下公式所示

$$Q = \sum_{i=0}^{n} (P_i \times V_i) = P^- \times V$$

加权均价 P^- 是指某一量域范围内市场交易成本，当这一量域等于结构的量域时，即为结构成本。

本书在量价理论下提出三种成本形式：结构总成本 P^-、区间成本 P_d^-、移动成本 CM。

一、结构总成本 P^-

（一）结构总成本 P^- 的概念及计算公式

结构总成本 P^- 是指结构总的加权均价。它既是多方成本又是空方成本。
P^- 的计算公式

$$P^- = \frac{1}{\sum_{i=0}^{n} V_i} \times \sum_{i=0}^{n} (P_i \times V_i) , V \in (结构起点,拟分析点)$$

（二）结构总成本线

在某一结构范围内，自结构起点开始，以各量价点的成交量为横坐标，以各量价点的结构总成本为纵坐标，相连形成的曲线被称为结构总成本线。

结构总成本线中的一般做法有以下 3 种。

1. 公式法

根据 $Q = \sum_{i=0}^{n} (P_i \times V_i) = P^- \times V$ 推导出

$$P^- = Q/V$$

式中：P^- 为至某点为止的结构总成本，Q 为至某点为止的结构资金量，V 为至某点为止的结构累计成交量。

各量价点的结构资金量 Q 及对应的成交量 V 可以由股票（或期货）行情软件提供，因此可以求出结构域区间内每一个量价点的结构总成本。

2. 面积法

在价格绝对值模式量价图中，任意两个量价点与横轴（成交量轴）构成的多边形面积为区间的交易资金总额，即符合资金公式

$$Q = \sum_{i=0}^{n} (P_i \times V_i)$$

用该面积（交易资金总额）除以这两个点间的成交量，即可得这两点间的总成本。当其中的一个点是结构起点时，计算结果即为另一个点的结构总成本。多边形的面积可以利用 CAD 软件"面域"功能计算。

3. 利用区间均价 P_d^- 直接算术平均

关于区间均价的内容见后文。

（三）关于结构总成本线计算起点的说明

任何一个量价点的结构总成本，计算起点不同，其数值是不同的。结构总成本线的计算起点设定为结构起点。具体而言，"结构极点"为结构起点。关于结构极点的确定，本书后文有关章节将进行说明。

（四）结构总成本线示例

1. 贵州茅台

图 4-1 为贵州茅台的价格绝对值模式和价格对数模式结构总成本线（2001 年 8 月至 2019 年 1 月）。如图 4-1 所示，D 点的价格在达到它的结构总成本线时，出现了趋势受阻现象。

2. CMX 黄金指数

（1）周 K 线图（见图 4-2）。

数据起止时间：1998 年至 2021 年。数据来源：文华财经。

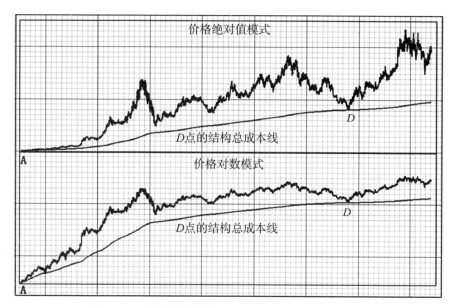

**图 4 - 1　贵州茅台的价格绝对值模式和价格对数模式
结构总成本线（2001 年 8 月至 2019 年 1 月）**

图 4 - 2　CMX 黄金指数区间周 K 线图（价格绝对值模式）

（2）结构总成本线图。

图 4 - 3 是 CMX 黄金指数 D 点的结构总成本线图（1998 年至 2017 年，价格绝对值模式）。图中的 A 点是 D 点的极点，也就是说 D 点结构总成本线的绘制起点是 A 点。如图 4 - 3 所示，D 点的价格在调整过程中达到它的结构总成本线时，出现了趋势受阻的现象。

图 4-3　CMX 黄金指数 *D* 点的结构总成本线

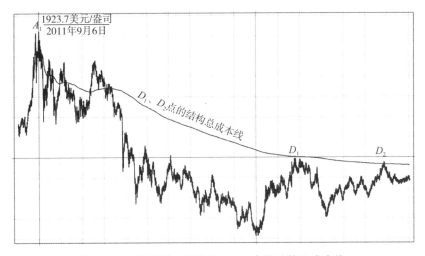

图 4-4　CMX 黄金指数 D_1、D_2 点的结构总成本线

图 4-4 是 CMX 黄金指数 D_1、D_2 点的结构总成本线图（2011 年 8 月至 2018 年 2 月，价格绝对值模式）。如图 4-4 所示，分别将 D_1、D_2 点作为分析点，绘制各自的结构总成本线（D_1 点与 D_2 点的结构起点同为 A_1，因此是同一条结构总成本线）。我们可以发现，当分析点遇到它的结构总成本线时，显示出了趋势受阻现象。

（五）关于结构总成本线的说明与评价

结构总成本线给出了结构内市场的总交易成本，价格与总成本线的空间关系表明了当前市场的多空性质。当价格在结构总成本线附近时，多空双方处于相对平衡的状态，这将导致当前的价格趋势变得脆弱与模糊。

利用结构总成本线与当前价格间的空间差离关系可以导出"结构价格差离率"等相关指标。

二、区间成本 P_d^-

(一) 成交量区间 V_d

V_d 的含义：量价图中设定的横坐标（成交量）单位分析长度值。

V_d 的作用：计算区间的成本均价，进而计算移动成本 CM 线。

例如，图 4 – 3 是按横坐标 1000 手 = 1mm 的比例绘制的，则可以设定 1mm（相当于每 1000 手）为一个区间单位，即 $V_d = 1$mm。

设定 V_d 的必要性在于，在量价图中各相邻量价点间的横坐标距离并非一个定值，从而在计算移动成本均价时，如果采用任意两个相邻点间的均价进行移动计算，则会导致计算结果因区间数据的非均等而产生非均匀移动误差。可以如此类比理解非均匀移动误差：在计算 K 线图的移动均价时，如果采用日线数据，则计算基础数据必须均为日线数据，不能在同一条移动均线上既采用日线数据，又采用分钟线数据。

至于任何一个结构内，V_d 设定值大小的确定，可根据分析者的习惯以及精度要求而定。为简单起见，本书建议对同一张量价图采用统一的相对较小的 V_d 值（如 1mm），并建立相应的均价基础数据库。如果这在实际使用中过小而使数据处理量过大，可以由小到大合并出较大的区间值。

(二) 区间成本 P_d^-

结构总成本 P^- 是整个结构量域内的总成本均价，区间成本 P_d^- 则是成交量区间 V_d 内的成本均价，P_d^- 计算公式为

$$P_d^- = \frac{1}{V_d} \times \sum_{i=0}^{V_d} (P_i \times V_i)$$

(三) 成交量区间 V_d 及区间成本 P_d^- 的确定及计算示例

股票：平安银行。

数据起止时间：1991 年 5 月至 2019 年 1 月。

复权方式：量价（前）复权。

数据来源：通达信。

1. 日 K 线图 （见图 4 – 5）

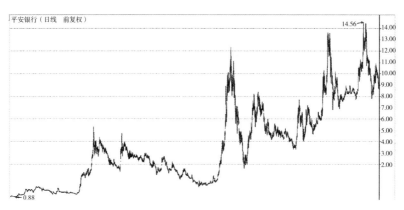

图 4 – 5　平安银行日 K 线图 （价格绝对值模式）

2. 价格绝对值模式量价图 （见图 4 – 6）

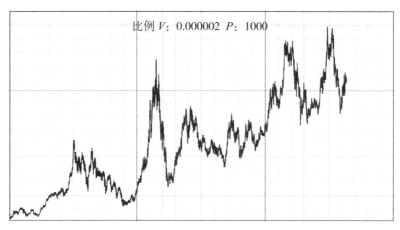

图 4 – 6　平安银行量价图 （价格绝对值模式）

3. 确定 V_d 值

根据图件的长度及精度要求，暂定 V_d 值 = 100mm，在横坐标轴上从 0 开始每隔 100mm 划分出一个 V_d 范围，如图 4 – 7 所示。

4. 计算每一个 V_d 范围内的加权均价，即区间成本 P_d^- 值

根据面积法求得的部分区间成本计算成果如图 4 – 8 所示。

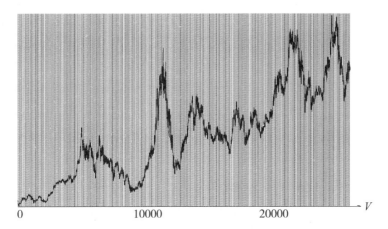

图 4 - 7　平安银行量价图划分出 V_d 范围

$X(V_d=100mm)$	$Y(P_d^-)$			
0	158			
100	220			
200	334.103			
300	442.4			
400	703.785			
500	710.482			
...	...			
...	...	注：	X轴为成交量轴	比例50万手/mm
...	...		Y轴为价格轴	比例0.001元/mm
26000	8950.083			
26100	9622.48			
26200	10250.18			
26300	10477.69			
26400	10665.24			
26500	9935.915			
26600	10459.08			

图 4 - 8　平安银行部分区间成本计算成果

注：①因量价图采用日线数据而不是分笔成交数据，P_d^- 值计算存在一定误差。在实践中，大级别结构（长期结构）采用日线数据已经足够；小级别结构（短线操作）可以采用小时或分钟数据进行量价图的绘制及 P_d^- 值的计算。②如果是手工计算，会很烦琐，可适当调大 V_d 值以减少计算量。当然，也可只计算拟分析范围内的区间均价值而不是全部的区间均价值。

三、移动加权成本线

价格的移动加权成本线（简称 CM 线）是量价结构技术分析的基础。

CM 线分为 CM 基线与 CM 节点线（其中 $\beta_p = 1$ 的节点线又被称为 CM 辅线），CM 基线与 CM 节点线构成一个趋势通道，被称为 CM 通道。CM 通道是关于价格的趋势通道。

（一）CM 基线

CM 基线是构筑量价结构的基础，上文设定成交量区间 V_d 及计算区间成本 P_d^- 的目的是绘制 CM 基线。

1. CM 基线的定义及其生成规则

CM 基线是依据价格的移动加权平均法，将证券交易的价与量结合起来，通过价格的移动加权成本线探讨证券的量价结构、趋势及阻力情况。

（1）CM 基线的定义：在一定的价格参照系下，采用"CM 基线生成规则"形成的一条量价加权移动成本线。

（2）CM 基线生成规则：①在一个确定的分析区域（量域）内，自设定的起点开始，对区域内所有量价点的价格，根据移动加权平均法计算出所有点的成本价值，用这些值作为 CM 线的纵坐标，用这些量价点作为横坐标，形成的一条连续的曲线，即 CM 基线；②一条有效的 CM 基线，在分析区域内，有且仅有两个点与量价图相接。

2. 关于 CM 基线生成规则的说明

（1）"一定的价格参照系"表示在计算移动加权成本之前，要确定价格系统与价格模式。本书讨论了两种价格系统——直系与极系：直系指目前通用的以 0 为价格基准的绝对坐标系统；极系为本书提出的以结构基线为基准的相对坐标系统（关于极系价格系统，本书在最后一章之前不予讨论）。同时，各价格系统又分别包括价格绝对值与价格对数两种数值模式。不同的价格系统或价格模式下价格数值是不同的，而不同的价格值会导致经其计算后的 CM 基线点纵坐标值的不同。基于移动加权平均法，如无特别说明，本书采用直系、绝对值模式的价格对 CM 基线点的价格纵坐标进行计算，如需要价格对数模式，则在此模式下进行数学转换即可（极系比照直系方法进行计算）。

（2）"在一个确定的分析区域（量域）内"包括两层含义：①不同的量域范围，CM 基线可能不同；②CM 基线的计算范围是指整个确定的量域，而不是此范围内的某个部分量域。如果正向计算无法包括全部量域，则采用同值参数与计算方法反向计算以涵盖整个确定的量域。

（3）一条有效的 CM 基线"有且仅有两个点与量价图相接"是指构成 CM 基线的所有 CM 点之中，一定有且只能有两个点与量价图相接（相接是"重合"的含义，不同于"相交"，也不同于"不相交"），否则就是无效 CM 基线。这两个点按前后顺序被称为"结构 A 点"与"结构 C 点"。

如无特别说明，本书中的"CM 基线"指"有效的 CM 基线"；本书中的"CM 线"指"CM 基线"。

（4）一方面，CM 基线确定了结构 A 点与结构 C 点，从而为确定量价结构奠定基础；当然反过来也可理解为有了结构才有 CM 基线。另一方面，CM 基线确定了该结构成立的基准：当价格点（有效地）反向突破该 CM 基线时，CM 基线将被击穿，从而失效，同时该结构也因此被击穿，从而不复存在。

（5）CM 基线体现了移动价格，但其本质上是量价成本的统一体现。

3. CM 线与传统的 K 线图中 MA 线（移动平均线）的异同

（1）相同处：两者均采用价格的移动加权平均法，应用于趋势分析。

（2）不同处主要有以下 5 个方面。

①CM 线采用价格的资金成本（$V - P$）系统；MA 线采用价格的时间成本（$T - P$）系统。②CM 线基于结构，起于结构并终于结构；MA 线连续不间断，无结构含义。③CM 线由结构本身确定；MA 线则是由人为设定的（不同的时间级别及参数）。④CM 线相对于结构是唯一的；而 MA 线则是不同的（如日线级别的 30 日 MA 均线与周线的 30 日 MA 均线是不一致的）。⑤CM 线的目的是构建量价结构及趋势通道，它预判的是价格相对于成交量可能的坐标。而 MA 线是价格在时间轴上的移动趋势，它预判的是价格相对于时间可能的坐标。

（二）CM 基线的画法

以万科 A（000002）为例详细说明 CM 基线的计算与绘制过程。

1. 绘制量价图（量价前复权）

（1）数据采集（数据起止时间：1991 年 1 月至 2019 年 1 月。复权截止时间：2019 年 1 月）。

从股票交易软件中下载并导出万科 A1991 年 1 月至 2019 年 1 月的不复权数据，为简化计算，数据采用日线数据。万科 A 不复权数据（部分）如图 4-9 所示。

000002	万 科A	日线（不复权）			
日期	开盘	最高	最低	收盘	成交量（手）
1991/1/29	14.58	14.58	14.58	14.58	3
1991/1/30	14.51	14.51	14.51	14.51	17
1991/1/31	14.44	14.46	14.44	14.45	490
1991/2/1	14.45	14.52	14.45	14.52	245
1991/2/2	14.59	14.59	14.59	14.59	13
1991/2/4	14.66	14.66	14.66	14.66	56
1991/2/5	14.73	14.73	14.73	14.73	29
1991/2/6	14.8	14.8	14.8	14.8	29
1991/2/7	14.87	14.87	14.87	14.87	48
		...			
2019/1/18	25	25.76	24.99	25.76	365723
2019/1/21	25.71	25.95	25.4	25.65	255500
2019/1/22	25.5	26.17	25.23	25.4	379337
2019/1/23	25.35	25.49	25.2	25.31	146847
2019/1/24	25.42	25.54	24.93	25.41	234931
2019/1/25	25.51	26.35	25.49	26.1	451756
2019/1/28	26.2	26.62	25.86	26.06	308907
2019/1/29	25.91	26.88	25.87	26.88	368072
2019/1/30	26.7	27.82	26.63	27.21	592303

图 4-9　万科 A 不复权数据（部分）

（2）按本书前文关于量价复权方式对股票数据进行（前）复权。万科 A 的各次除权数据及计算的各次复权系数如图 4-10 所示。

股权登记日	登记日收盘价	每股红利	送转股率	配股率	配股价	K_{P1}	K_P	K_{V1}	K_V
1991.05.27	11.29		0.2			0.833	0.8333	1.200	1.200
1992.03.27	11.9		0.2			0.833	0.6944	1.200	1.440
1993.01.08	36.55		0.2			0.833	0.5787	1.200	1.728
1993.04.02	30.55	0.06	0.5			0.665	0.3850	1.503	2.597
1994.06.20	8.01	0.15	0.35			0.727	0.2799	1.376	3.573
1995.07.03	4.71	0.15	0.1			0.842	0.2356	1.188	4.244
1996.08.05	8.54	0.14	0.1			0.894	0.2107	1.118	4.746
1997.06.26	23.3	0.1	0.15			0.866	0.1824	1.155	5.482
1997.07.11	17.59			0.273	4.5	0.840	0.1533	1.190	6.523
1998.07.09	12.69	0.15	0.1			0.898	0.1377	1.113	7.261
1999.08.05	13.06	0.1	0.1			0.902	0.1242	1.108	8.049
2000.01.07	10.99			0.273	7.5	0.932	0.1158	1.073	8.637
2000.08.16	14.58	0.15				0.990	0.1146	1.010	8.727
2001.08.20	14.57	0.18				0.988	0.1132	1.013	8.836
2002.07.16	12.46	0.2				0.984	0.1114	1.016	8.980
2003.05.22	13.81	0.2	1			0.493	0.0549	2.029	18.224
2004.05.25	7.32	0.05	0.5			0.662	0.0363	1.510	27.523
2005.06.28	5.07	0.15	0.5			0.647	0.0235	1.546	42.544
2006.07.20	6.08	0.15				0.975	0.0229	1.025	43.620
2007.05.15	22.97	0.15	0.5			0.662	0.0152	1.510	65.860
2008.06.13	16.5	0.1	0.6			0.621	0.0094	1.610	106.019
2009.06.05	10.69	0.05				0.995	0.0094	1.005	106.517
2010.05.17	6.92	0.07				0.990	0.0093	1.010	107.605
2011.05.26	7.9	0.1				0.987	0.0092	1.013	108.985
2012.07.04	9.11	0.13				0.986	0.0090	1.014	110.563
2013.05.15	11.31	0.18				0.984	0.0089	1.016	112.351
2014.05.07	7.87	0.41				0.948	0.0084	1.055	118.526
2015.07.20	15.35	0.5				0.967	0.0082	1.034	122.516
2016.07.28	17.92	0.72				0.960	0.0078	1.042	127.645
2017.08.28	24.01	0.79				0.967	0.0076	1.034	131.988
2018.08.22	23.92	0.9				0.962	0.0073	1.039	137.148

图 4-10　万科 A 各次除权数据及计算的各次复权系数

根据图4-10中的量价复权系数对图4-9中的不复权数据进行量价（前）复权，万科A量价复权计算成果如图4-11所示。

000002	万科A	日线（不复权）				复权开盘	复权最高	复权最低	复权收盘	复权成交量
日期	开盘	最高	最低	收盘	成交量（手）					
1991/1/29	14.58	14.58	14.58	14.58	3	0.11	0.11	0.11	0.11	411.444
1991/1/30	14.51	14.51	14.51	14.51	17	0.11	0.11	0.11	0.11	2331.516
1991/1/31	14.44	14.46	14.44	14.45	490	0.11	0.11	0.11	0.11	67202.52
1991/2/1	14.45	14.52	14.45	14.52	245	0.11	0.11	0.11	0.11	33601.26
1991/2/2	14.59	14.59	14.59	14.59	13 $K_r=0.007291$	0.11	0.11	0.11	0.11	1782.924
1991/2/4	14.66	14.66	14.66	14.66	56 $K_r=137.148$	0.11	0.11	0.11	0.11	7680.288
1991/2/5	14.73	14.73	14.73	14.73	29	0.11	0.11	0.11	0.11	3977.292
1991/2/6	14.8	14.8	14.8	14.8	29	0.11	0.11	0.11	0.11	3977.292
1991/2/7	14.87	14.87	14.87	14.87	48	0.11	0.11	0.11	0.11	6583.104
1991/2/8	14.94	14.94	14.94	14.94	66	0.11	0.11	0.11	0.11	9051.768
1991/2/9	15.01	15.01	15.01	15.01	136	0.11	0.11	0.11	0.11	18652.128
1991/2/11	15.09	15.09	15.09	15.09	33	0.11	0.11	0.11	0.11	4525.884
1991/2/12	15.07	15.07	15.07	15.07	236	0.11	0.11	0.11	0.11	32366.928
1991/2/13	15.25	15.25	15.25	15.25	33	0.11	0.11	0.11	0.11	4525.884
	…						…			
	…						…			
2019/1/18	25	25.76	24.99	25.76	365723	25.00	25.76	24.99	25.76	365723
2019/1/21	25.71	25.95	25.4	25.65	255500	25.71	25.95	25.40	25.65	255500
2019/1/22	25.5	26.17	25.23	25.4	379337	25.50	26.17	25.23	25.40	379337
2019/1/23	25.35	25.49	25.2	25.31	146847 $K_r=1$	25.35	25.49	25.20	25.31	146847
2019/1/24	25.42	25.54	24.93	25.41	234931 $K_r=1$	25.42	25.54	24.93	25.41	234931
2019/1/25	25.51	26.35	25.49	26.1	451756	25.51	26.35	25.49	26.10	451756
2019/1/28	26.2	26.62	25.86	26.06	308907	26.20	26.62	25.86	26.06	308907
2019/1/29	25.91	26.88	25.87	26.88	368072	25.91	26.88	25.87	26.88	368072
2019/1/30	26.7	27.82	26.63	27.21	592303	26.70	27.82	26.63	27.21	592303

图4-11　万科A量价复权计算成果

（3）绘制量价图。

通过图4-11的复权数据绘制价格绝对值模式量价图，同时经价格的对数转换绘制价格对数模式量价图，如图4-12及图4-13所示。

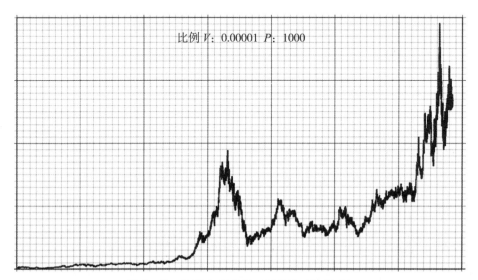

比例 V：0.00001 P：1000

图4-12　万科A量价图（价格绝对值模式）

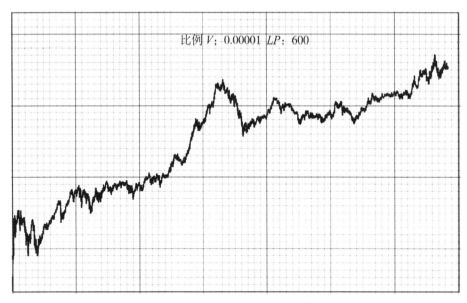

图 4 – 13 万科 A 量价图（价格对数模式）

2. CM 线起点

在没有确定结构之前，CM 线起点可以是任何一个量价点。CM 线是关于结构的 CM 线，因此 CM 线的起点即为结构起点。关于结构起点的确定方式后文将进行讨论。这里暂设图 4 – 14 中拟分析区域内的低点 A 为结构起点。

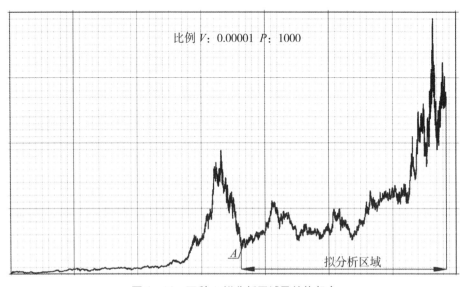

图 4 – 14 万科 A 拟分析区域及结构起点

3. 确定 V_d 值

根据拟分析区域的大小，可暂设成交量区间 V_d 值 $= 100\text{mm}$（同一张量价图，不同的 V_d 设定值不会对 CM 的计算结果产生影响）。

4. 计算拟分析区域范围内所有的区间成本 $P_{\bar{d}}$ 值

根据上文 $P_{\bar{d}}$ 值的计算公式，计算自点 A 起在整个拟分析区域内的区间成本值。万科 A 拟分析区域内区间成本值计算成果如图 4 – 15 所示。

V	$P_{\bar{d}}$	V	$P_{\bar{d}}$	V	$P_{\bar{d}}$	V	$P_{\bar{d}}$	V	$P_{\bar{d}}$	V	$P_{\bar{d}}$	V	$P_{\bar{d}}$
36300	3575.00	41000	9413.17	45700	6478.16	50400	6546.62	55100	7842.22	59800	11794.25	64500	21159.73
36400	4266.00	41100	10272.02	45800	6508.91	50500	6659.47	55200	7723.69	59900	12365.94	64600	22811.27
36500	4768.70	41200	10593.85	45900	6401.61	50600	7268.25	55300	7853.12	60000	12954.75	64700	23426.08
36600	4726.28	41300	10677.32	46000	6084.03	50700	8024.29	55400	7637.46	60100	12082.89	64800	22872.69
36700	5000.04	41400	10418.20	46100	6767.50	50800	9190.36	55500	7951.61	60200	12346.27	64900	22883.69
36800	5087.26	41500	10493.32	46200	7125.78	50900	9398.34	55600	8175.07	60300	12568.37	65000	24123.99
36900	4373.99	41600	10591.38	46300	6829.18	51000	9115.56	55700	8603.40	60400	13206.22	65100	23457.65
37000	4345.99	41700	9890.48	46400	7342.41	51100	8788.56	55800	9202.89	60500	12876.10	65200	19007.96
37100	4809.59	41800	9870.71	46500	7374.40	51200	8527.69	55900	9776.15	60600	12377.05	65300	18571.82
37200	4974.59	41900	9722.79	46600	6744.94	51300	8498.03	56000	9936.67	60700	11732.65	65400	18944.27
37300	4730.94	42000	9451.87	46700	6138.33	51400	8556.67	56100	9598.77	60800	11663.02	65500	17866.55
37400	4976.88	42100	8656.70	46800	6315.60	51500	8875.06	56200	9719.15	60900	11535.02	65600	20449.28
37500	5166.87	42200	8234.40	46900	6376.72	51600	8871.75	56300	9508.96	61000	11630.86	65700	22266.49
37600	5165.99	42300	7453.43	47000	6458.30	51700	9425.26	56400	10279.04	61100	12017.46	65800	21218.82
37700	5390.30	42400	7896.01	47100	6537.78	51800	9035.57	56500	11162.38	61200	11653.90	65900	21952.32
37800	5774.49	42500	8415.87	47200	6652.36	51900	7494.41	56600	12224.55	61300	11346.49	66000	25799.65
37900	5549.53	42600	8843.09	47300	6268.46	52000	7484.52	56700	11556.13	61400	12367.87	66100	25461.38
38000	5487.48	42700	8194.36	47400	6262.57	52100	8093.26	56800	10976.30	61500	12277.09	66200	28035.92
38100	4936.45	42800	8140.88	47500	6250.38	52200	7842.53	56900	10531.59	61600	12320.04	66300	27870.80
38200	5098.53	42900	8996.80	47600	6289.53	52300	7583.31	57000	10843.56	61700	12602.94	66400	33405.67
38300	5197.32	43000	9164.58	47700	6283.64	52400	7879.69	57100	11221.16	61800	13044.14	66500	34620.44
38400	5421.78	43100	8744.10	47800	6517.70	52500	7686.73	57200	10724.27	61900	12344.97	66600	30323.73
38500	5865.44	43200	8981.76	47900	6709.90	52600	7530.56	57300	10596.83	62000	12855.23	66700	29419.36
38600	5992.44	43300	8981.62	48000	6342.52	52700	7944.92	57400	10740.54	62100	12440.54	66800	26238.40
38700	6236.87	43400	9126.51	48100	6088.24	52800	7332.90	57500	10583.40	62200	11353.36	66900	24795.27
38800	5770.80	43500	8999.09	48200	6340.16	52900	7281.91	57600	10052.05	62300	11723.35	67000	22716.91
38900	5780.42	43600	8589.36	48300	6629.90	53000	7190.89	57700	10171.58	62400	11451.75	67100	21137.57
39000	5540.69	43700	8898.58	48400	6346.24	53100	7004.02	57800	10716.04	62500	11481.83	67200	22049.13
39100	5917.08	43800	8965.22	48500	6259.62	53200	6816.03	57900	11009.27	62600	12061.29	67300	22781.61
39200	5896.60	43900	8389.88	48600	5654.96	53300	6451.04	58000	10859.28	62700	12554.83	67400	21548.84
39300	6142.19	44000	7820.65	48700	5824.08	53400	5971.12	58100	11891.15	62800	14431.24	67500	23803.96
39400	6228.80	44100	7861.00	48800	5612.52	53500	5858.74	58200	12290.72	62900	16155.16	67600	14178.20
39500	6168.88	44200	7631.96	48900	5642.16	53600	5845.36	58300	11192.40	63000	15961.84	67700	25544.78
39600	6448.89	44300	7468.65	49000	5689.64	53700	5410.50	58400	11374.73	63100	17198.41	67800	27257.90
39700	6297.50	44400	7031.66	49100	5857.79	53800	5541.19	58500	11908.53	63200	18060.02	67900	27216.29
39800	6370.66	44500	6937.13	49200	6015.48	53900	5916.87	58600	11913.18	63300	17163.03	68000	30107.76
39900	6229.63	44600	7089.15	49300	6476.48	54000	6025.77	58700	11753.74	63400	16167.95	68100	27847.13
40000	6133.27	44700	7051.00	49400	6363.45	54100	6363.45	58800	12224.19	63500	15579.97	68200	26548.94
40100	6623.52	44800	7143.48	49500	6519.31	54200	6277.42	58900	11972.69	63600	14884.38	68300	28117.02
40200	7115.98	44900	6579.77	49600	6868.22	54300	6193.49	59000	12295.06	63700	14989.60	68400	26446.37
40300	7531.60	45000	5821.54	49700	6902.32	54400	6334.11	59100	12014.80	63800	15685.28	68500	26720.99
40400	7634.18	45100	5423.65	49800	6941.68	54500	6963.02	59200	11938.00	63900	18731.51		
40500	7225.90	45200	5561.84	49900	7352.72	54600	6853.87	59300	11907.71	64000	19195.04		
40600	7796.71	45300	5377.06	50000	7068.76	54700	7040.02	59400	11428.21	64100	22940.97		
40700	8254.25	45400	5502.73	50100	6541.11	54800	7611.22	59500	11768.64	64200	22870.00		
40800	8381.98	45500	5945.32	50200	6438.51	54900	6438.63	59600	12464.14	64300	21135.20		
40900	9169.69	45600	6121.21	50300	6325.63	55000	7789.83	59700	11735.58	64400	21310.86		

图 4 – 15　万科 A 拟分析区域内区间成本值计算成果

5. 计算 CM 基线各点的坐标值

绘制完价格绝对值模式量价图，确定了 CM 线的起点及拟分析区域，设定了成交量区间 V_d 值并计算好拟分析区域内所有的区间成本 $P_{\bar{d}}$ 值，就可以开始计算各点的 CM 值并绘制 CM 基线。

设 CM 线的起点坐标为点 A，A 点坐标为（V_0，P_0）；CM 线上任一点为 CM_i，其坐标为（V_i，P_i），则有下列公式。

①CM 线上各点横坐标公式

$$CM(V_i) = V_0 + i \times V_d$$

②CM 线上各点纵坐标公式

$$CM(P_i) = CM(P_{i-1}) \times 0.9^{(V_d/K)} + P_d^-(i) \times (1 - 0.9^{(V_d/K)})$$

公式中各代码含义：

$CM(V_i)$——CM 线各点的横坐标；

$CM(P_i)$——CM 线各点纵坐标；

$CM(P_{i-1})$——欲计算的 CM_i 点的上一点的 CM 纵坐标值；

V_d——成交量区间值，本例中 $V_d = 100$；

K——CM 参数值；

$P_d^-(i)$——CM 线各点对应的区间成本值。

说明：①从 CM 的计算公式可以看出，CM 线上各点的横坐标不必计算，直接采用对应的区间成本点的横坐标值。②CM 线上各点的纵坐标计算采用了移动平均迭代计算。公式中的 0.9 指价格移动计算时上一价格值的权重，权重值 0.9 是可以取其他值的，即 0 与 1 之间的任何数，相对于同一结构，不同的权重值将对应不同的 K 值，但 CM 值由结构本身确定，因此不论权重值取什么数，在同一张图中只要结构不变，$CM(P_i)$ 值的计算结果是一致的。③CM 参数值 K 的大小反映了结构的形态（强弱、大小、方向等），也与移动权重有关，其本质是结构特征的体现。

6. 实际计算 CM 基线各点坐标值

根据上文量价图及区间成本值计算成果图，设起点为 A 点，计算过程如下所示。

（1）起点：CM 线的起点即 A 点，A 点坐标为 A（36300，3575），则 $CM(V_0) = 36300$，$CM(P_0) = 3575$。

即 CM 线的第一个点坐标直接采用起点实际坐标值。

（2）CM 线各点的坐标。

横坐标采用图 4-15 中的横坐标，即 $CM(V_1) = 36400$，$CM(V_2) = 36500$，$CM(V_3) = 36600$，…

CM 线各点的纵坐标的计算过程如下所示。

$$CM(P_1) = CM(P_{1-1}) \times 0.9^{(V_d/K)} + P_d^-(1) \times (1 - 0.9^{(V_d/K)})$$
$$= CM(P_0) \times 0.9^{(100/K)} + P_d^-(1) \times (1 - 0.9^{(100/K)})$$
$$= 3575 \times 0.9^{(100/K)} + 4266 \times (1 - 0.9^{(100/K)}),$$

$$CM(P_2) = CM(P_1) \times 0.9^{(V_d/K)} + P_d^-(2) \times (1 - 0.9^{(V_d/K)})$$
$$= [3575 \times 0.9^{(100/K)} + 4266 \times (1 - 0.9^{(100/K)})] \times 0.9^{(100/K)} +$$
$$4768.70 \times (1 - 0.9^{(100/K)}),$$

…

如此迭代计算出 CM 线各点的纵坐标值。

在上面的计算中有一个未知数 K，所以实际的纵坐标值是无法被计算出来的。因此，我们可以假设 K 取一个值，比如令 $K = 100$，这样上面的迭代过程就可以进行下去了。

令 $K = 100$，可得以下计算结果。

$$CM(P_1) = CM(P_0) \times 0.9^{(100/K)} + P_d^-(1) \times (1 - 0.9^{(100/K)})$$
$$= 3575 \times 0.9^1 + 4266 \times (1 - 0.9^1) = 3644.10,$$

$$CM(P_2) = CM(P_1) \times 0.9^{(100/K)} + P_d^-(2) \times (1 - 0.9^{(100/K)})$$
$$= 3644.10 \times 0.9 + 4768.70 \times (1 - 0.9^1) = 3756.56,$$

$$CM(P_3) = CM(P_2) \times 0.9^{(100/K)} + P_d^-(3) \times (1 - 0.9^{(100/K)})$$
$$= 3756.56 \times 0.9 + 4726.28 \times (1 - 0.9^1) \approx 3853.53,$$

…

$$CM(P_{323}) = CM(P_{322}) \times 0.9^{(100/K)} + P_d^-(323) \times (1 - 0.9^{(100/K)})$$
$$= 26032.01 \times 0.9 + 26720.99 \times (1 - 0.9^1) \approx 26100.91。$$

至此，计算出了 323 个点的坐标，将这 323 个点连接起来，便形成了一条 CM 线。

横坐标：$CM(V_0) = 36300$，$CM(V_1) = 36400$，… $CM(V_{323}) = 68500$。

纵坐标：$CM(P_0) = 3575$，$CM(P_1) = 3644.10$，… $CM(P_{323}) \approx 26100.91$。

这条 CM 线的参数值 $K = 100$，把它命名为 CM100，如图 4 - 16 所示。

图 4 - 16 中的 CM100 线事实上不是我们所要的 CM 线，因为它违背了 CM 基线的生成规则第二条：在设定的分析区域内，一条有效的 CM 基线有且仅有两个点与量价图相接。显然，CM100 与量价图在拟分析区域内有多点相交。解决方案是：调整 K 值，一直到满足上述规则。具体测试过程不再累述。可

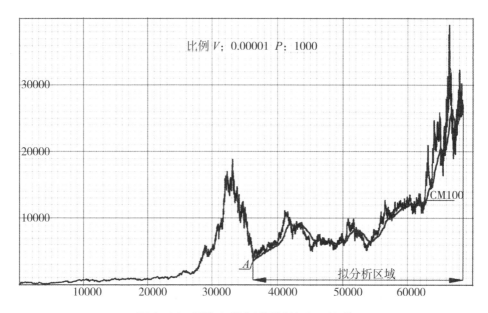

图 4 - 16　万科 A 拟分析区域的 CM100 线

以发现当 K 值 =3100 时, 生成的 CM 线满足 CM 线的规则, 如图 4 - 17 所示。

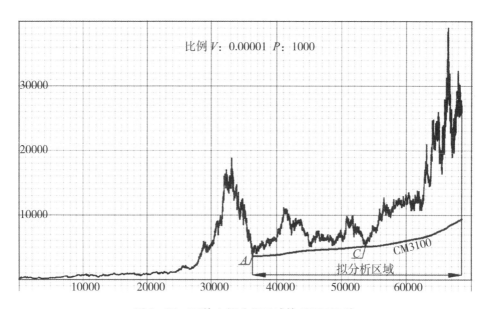

图 4 - 17　万科 A 拟分析区域的 CM3100 线

到此, 我们完成了 CM 基线的绘制过程, 有以下结论。

①万科 A 股票在拟分析区域内，以 A 点为起点可以形成了一条有效的 CM 线，这条 CM 线被称为"万科 A CM3100"。

②$K=3100$ 被称为 CM 参数值。

③A 点被称为结构 A 点，另一个与量价图相接的 C 点被称为结构 C 点。

（三）CM 辅线

CM 辅线是与 CM 基线相对应的另一条 CM 线，它与 CM 基线共同构成一个通道，这个通道被称为"价格移动趋势通道"，简称 CM 通道。

上文说明了 CM 基线的计算及绘制过程。在 CM 基线绘制完成后，下一步就可以生成 CM 辅线。生成 CM 辅线在于确定另一个结构点，即结构 B 点。有了结构 B 点，结合 CM 基线已确定的结构 A 点与结构 C 点，3 个点就可以形成一个移动结构（的基础部分）；同时，CM 基线及 CM 辅线将构成一个通道，即"价格移动趋势通道"。

1. CM 辅线的生成规则

在价格绝对值模式下，自结构 B 点，令 $\beta=1$，按价格公式计算出所有相对于 CM 基线点的价格，辅以相同的成交量横坐标，连接成的与 CM 基线相对应的一条线；或者更简单地，在价格对数模式下直接平移 CM 基线至 B 点的另一条 CM 线。所以，只要确定了结构 B 点，即可计算或通过 CM 基线平移形成 CM 辅线。

2. 结构 B 点及其确定规则

结构 B 点与形成 CM 基线的结构 A 点及结构 C 点共同构成一个结构的结构基础。结构 A 点与 C 点可以通过 CM 基线与量价图的两个相接点进行确定，结构 B 点则通过"价比极值原则"（也可称为"CM 通道最大原则"）进行确定：在价格绝对值模式量价图中，在结构 A 点与结构 C 点间的所有量价点集合中，有且只有一个点 B，B 点的价格值与其在 CM 基线上的垂直对应点 B′的价格值之比为唯一极值。

更为直接与简单的结构 B 点的确定规则：在价格对数模式量价图中，在结构 A 点与结构 C 点间的量价点集合中，有且只有一个点 B，B 点的价格值与其在 CM 基线上的垂直对应点 B′的距离为唯一极大值。即在 A 点至 C 点范围内，将 CM 基线在垂直方向平移，直至与量价图有且仅有一点相接，该点即

为结构 B 点。

这个极值或距离被称为"CM 结构高度",用 CMd（AS）或 $LCMd$（LS）表示。

结构 B 点的计算说明：令 B_i 为结构 A 点与 C 点间任意一个量价点，其价格坐标为 P_{B_i}，该点在 CM 基线上的垂直对应点为 $B_i{'}$，价格坐标为 $P_{B_i}{'}$；同时设该点的价比值为 CMd_i，即 $CMd_i = P_{B_i}/P_{B_i}{'}$。所要确定的结构 B 点价比为 CMd_B，$CMd_B = P_B/P_B{'}$。

则结构 B 点的价比值满足"唯一极值原则"。

上行时，CMd 仅有极大值，$CMd = \max\ \{CMd_i\}\ = \max\ \{P_{B_i}/P_{B_i}{'}\}$；

下行时，CMd 仅有极小值，$CMd = \min\ \{CMd_i\}\ = \min\ \{P_{B_i}/P_{B_i}{'}\}$。

上行及下行结构时 B 点的确定，如图 4 – 18 所示。

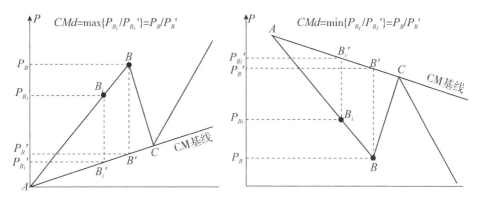

图 4 – 18 上行结构 **B** 点（左图）以及下行结构 **B** 点（右图）

3. 价格绝对值模式下的 CM 辅线计算

在确定结构 B 点后，价格对数模式下可以直接将 CM 基线在垂直方向上平移至结构 B 点即形成 CM 辅线，基线与辅线间的垂直距离即为 $LCMd$ 值。这也是量价图要建立对数模式的原因之一。

在价格绝对值模式下，CM 辅线的计算要用到价格公式，过程相对复杂一些，下面进行简要说明。

（1）确定结构高度比 CMd。

令结构 B 点的价格绝对值为 P_B，即 B 点的纵坐标值。

以结构 B 点为起点，向 CM 基线做垂线交 CM 基线于 $B{'}$ 点，在量价图上找出 $B{'}$ 点的纵坐标值，记为 $P_B{'}$，并计算出结构价比值

$$CMd = P_B/P_B{}'$$

（2）确定 CM 辅线上各点的横坐标值。

CM 辅线各点横坐标等于垂直方向上对应 CM 基线的横坐标值，即

$$V_i（辅线）= V_i（基线）$$

（3）确定 CM 辅线上各点的纵坐标值。

$$P_i（辅线）= P_i（基线）×（CMd）^{\beta_P},\beta_P = 1$$

（4）绘制 CM 辅线。

通过以上计算，每一个 CM 基线点可以得到相对应一个 CM 辅线点，将所有辅线点相连，即为价格绝对值模式下的 CM 辅线。

（四）价格结构节点值与节点线

上面说明了 CM 基线与 CM 辅线的概念及计算公式和绘制方法，并把两者形成的通道称为 CM 趋势通道。在确定的结构下，CM 趋势通道是通道高度值等于 CMd（AS）或 $LCMd$（LS）的通道，该通道中 CM 辅线的 β_P 值等于 1，本书把 β_P 值称为价格结构节点值或价格节点值。

价格结构节点值：一个被认为已完成结构两部分（结构拓延与结构基础）间的价格结构系数，用 β_P 表示。

节点线：节点值为 β_P 的 CM 辅线。

提出节点值与节点线的概念，是由于在实际的量价结构中，节点值并不仅仅只有 1 一个值，而是由一个与 0.618 有关的数值集合构成。这个节点值集合在下文的节点值章节另有讨论。常见的节点值有 0.618、1、1.618 等。

上文 CM 辅线节点值为 1，因此 CM 辅线事实上是节点值等于 1 的结构节点线。由于 $\beta_P = 1$ 的特殊权重，本书将此节点线称为 CM 辅线或 CM 基准节点线，将节点值 $\beta = 1$ 称为基准节点值。

由于存在不同的 β_P 值，任何一条 CM 基线便同时存在多条不同的节点线，每一条节点线都可以与 CM 基线形成一个趋势通道。为了区别于 $\beta_P = 1$ 的结构辅线，本书把 $\beta_P = 0.618$ 的节点线称为 0.618 节点线，并以此类推。标准结构模型结构节点线及其构成的趋势通道如图 4 - 19 所示。

对一个确定的结构基础，每一个节点通道都是独立存在的，只是因节点值不同，其表达的结构阻力不同。

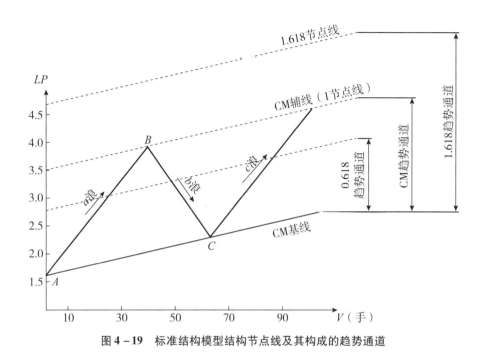

图 4 - 19　标准结构模型结构节点线及其构成的趋势通道

（五）以万科 A 股票为例绘制 CM 节点通道

1. 绘制价格绝对值模式量价图及 CM 基线

下载交易数据及除权信息→量价（前）复权→绘制量价图→确定拟分析区域及结构起点→确定 V_d 值→计算 P_d^- 值（见图 4 - 15）→绘制 CM 基线。

其中 CM 基线价格坐标计算公式如下

$$CM(P_i) = CM(P_{i-1}) \times 0.9^{(V_d/K)} + P_d^-(i) \times (1 - 0.9^{(V_d/K)})$$

万科 A CM 基线的计算成果如图 4 - 20 所示。

2. 确定结构 B 点以及结构高度值

（1）确定结构 B 点。

在绘制完成的 CM 基线上，找到与量价图相接的结构 A 点与结构 C 点，并通过计算其范围内各点的 CMd_i 值，结合 CM 通道最大原则确定结构 B 点。万科 A 区间结构点如图 4 - 21 所示。

（2）结构 B 点的价格坐标及结构高度 CMd。

在图 4 - 21 中可确定结构 B 点的价格坐标：$P_B = 11.16$（元）。

V（成交量）	P_d（价格）	3.移动均线CM		基线纵坐标	x, y
36300	3575.000	步距V_d	100.0	3575.00	36300,3575.000
36400	4266.004	CM标准值	3100.05	3577.34	36400,3577.345
36500	4768.703	量子基数	0.618	3581.39	36500,3581.387
36600	4726.283	a参数	0	3585.27	36600,3585.271
36700	5000.043	CM参数值（A）	3100.05	3590.07	36700,3590.071
36800	5087.262			3595.15	36800,3595.151
36900	4373.991			3597.79	36900,3597.794
37000	4345.988	CMB	0.178	3600.33	37000,3600.332
37100	4809.589	D	17416	3604.44	37100,3604.435
37200	4974.592			3609.08	37200,3609.084
37300	4730.937			3612.89	37300, 612.890
37400	4976.885			3617.52	37400,3617.518
37500	5166.868			3622.78	37500,3622.775
37600	5165.987			3628.01	37600,3628.011
37700	5390.297			3633.99	37700,3633.990
37800	5774.485			3641.25	37800,3641.253
37900	5549.534			3647.73	37900,3647.727
38000	5487.484			3653.97	38000,3653.970
38100	4936.454			3658.32	38100,3658.321
38200	5098.533			3663.21	38200,3663.207
38300	5197.322			3668.41	38300,3668.412
38400	5421.782			3674.36	38400,3674.361
38500	5865.441			3681.80	38500,3681.796
38600	5992.444			3689.64	38600,3689.635
38700	6236.865			3698.28	38700,3698.278
38800	5770.800			3705.31	38800,3705.310
38900	5780.422			3712.35	38900,3712.350
39000	5540.689			3718.55	39000,3718.554
39100	5917.082			3726.01	39100,3726.013
39200	5896.602			3733.38	39200,3733.378
39300	6142.187			3741.55	39300,3741.551
39400	6228.803			3749.99	39400,3749.990
39500	6168.877			3758.20	39500,3758.197
…	…			…	…
…	…			…	…
…	…			…	…

图4-20　万科A CM基线的计算成果

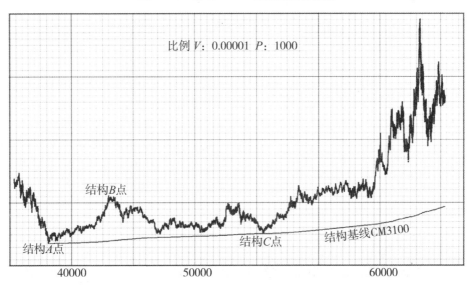

图4-21　万科A区间结构点

其垂直对应的 CM 基线上 B' 点的价格坐标：$P_{B}' = 3.96$（元）。

则可计算出价格绝对值模式下以及价格对数模式下的 CM 通道高度：

$CMd = P_B/P_B' = 11.16/3.96 \approx 2.82$，$LCMd = LP_B - LP_B' = 1.036$。

3. 计算 CM 辅线各点的价格坐标

令 $\beta_P = 1$，根据 CM 基线计算表及价格公式计算 CM 辅线坐标。

CM 辅线计算公式（价格公式）

$$P_{Bi} = P_{Bi}' \times (P_B'/P_B)^{\beta_P}$$

万科 A CM 基线及 CM 辅线的计算成果如图 4-22 所示。

调整 β_P 值，例如设定 $\beta_P = 1.382$，可以计算出 1.382 节点线上各点的价格坐标。

V(成交量)	P_d (价格)	3.移动均线CM		基线价格P_B'	x, y	辅线价格P_B	x, y
36300	3575.000	步距Vd	100.0	3575.000	36300,3575.000	10075.000	36300,10075
36400	4266.004	CM标准值	3100.05	3577.345	36400,3577.345	10081.607	36400,10081.607
36500	4768.703	量子基数	0.618	3581.387	36500,3581.387	10093.000	36500,10093.000
36600	4726.283	a参数	0	3585.271	36600,3585.271	10103.946	36600,10103.946
36700	5000.043	CM参数值(K)	3100.05	3590.071	36700,3590.071	10117.473	36700,10117.473
36800	5087.262			3595.151	36800,3595.151	10131.789	36800,10131.789
36900	4373.991			3597.794	36900,3597.794	10139.237	36900,10139.237
37000	4345.988	CMB	0.178	3600.332	37000,3600.332	10146.390	37000,10146.390
37100	4809.589	D	17416	3604.435	37100,3604.435	10157.953	37100,10157.953
37200	4974.592			3609.084	37200,3609.084	10171.055	37200,10171.055
37300	4730.937	CMd	2.82	3612.890	37300,3612.890	10181.781	37300,10181.781
37400	4976.885	β	1	3617.518	37400,3617.518	10194.823	37400,10194.823
37500	5166.868			3622.775	37500,3622.775	10209.638	37500,10209.638
37600	5165.987			3628.011	37600,3628.011	10224.395	37600,10224.395
37700	5390.297			3633.990	37700,3633.990	10241.244	37700,10241.244
37800	5774.485			3641.253	37800,3641.253	10261.713	37800,10261.713
37900	5549.534			3647.727	37900,3647.727	10279.958	37900,10279.958
38000	5487.484			3653.970	38000,3653.970	10297.552	38000,10297.552
38100	4936.454			3658.321	38100,3658.321	10309.814	38100,10309.814
38200	5098.533			3663.207	38200,3663.207	10323.583	38200,10323.583
38300	5197.322			3668.412	38300,3668.412	10338.252	38300,10338.252
38400	5421.782			3674.361	38400,3674.361	10355.017	38400,10355.017
38500	5865.441			3681.796	38500,3681.796	10375.971	38500,10375.971
38600	5992.444			3689.635	38600,3689.635	10398.062	38600,10398.062
38700	6236.865			3698.278	38700,3698.278	10422.420	38700,10422.420
38800	5770.800			3705.310	38800,3705.310	10442.237	38800,10442.237
38900	5780.422			3712.350	38900,3712.350	10462.077	38900,10462.077
39000	5540.689			3718.554	39000,3718.554	10479.561	39000,10479.561
39100	5917.082			3726.013	39100,3726.013	10500.582	39100,10500.582
39200	5896.602			3733.378	39200,3733.378	10521.338	39200,10521.338
39300	6142.187			3741.551	39300,3741.551	10544.371	39300,10544.371
39400	6228.803			3749.990	39400,3749.990	10568.154	39400,10568.154
39500	6168.877			3758.197	39500,3758.197	10591.282	39500,10591.282
...	...			...		...	...
...	...			...		...	...
...	...			...		...	...

图 4-22　万科 A CM 基线及 CM 辅线的计算成果

4. 绘制 CM 通道及节点通道

在绘制完 CM 基线的量价图中，以 CM 基线各点的横坐标为 CM 辅线各点的横坐标，以图 4-22 中的辅线价格（价格绝对值模式）为纵坐标，可绘制

出 CM 辅线；将节点值变换为 1.382，相同的方法可绘制 1.382 节点线。万科
A CM 辅线及 1.382 节点线（价格绝对值模式）如图 4 - 23 所示。

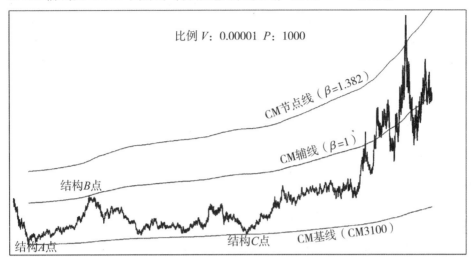

图 4 - 23　万科 A CM 辅线及 1.382 节点线（价格绝对值模式）

将价格绝对值转为价格对数值，即形成万科 A CM 辅线及 1.382 节点线
（价格对数模式），如图 4 - 24 所示。

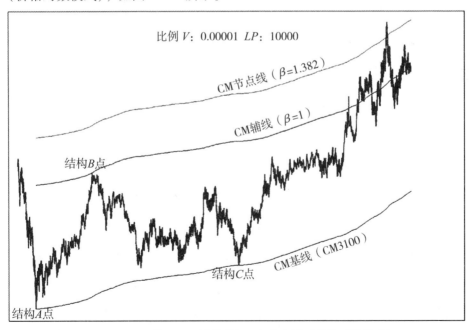

图 4 - 24　万科 A CM 辅线及 1.382 节点线（价格对数模式）

（六）　总结说明

（1）任何一个量价趋势通道，都是由 CM 基线与 CM 节点线构成的。通道的高度由结构 A、B、C 点及价格结构节点值 β_P 所决定。当 $\beta_P = 1$ 时的节点线被称为基准节点线或 CM 辅线。基线与节点线构成的趋势通道被称为 CM 趋势通道。

节点值与节点线的意义在于它通过结构对量价点产生了显著的阻力效应，从而提供结构可能见顶或底的信号。

（2）价格绝对值模式与价格对数模式的量价图是等效的，CM 结构参数值是相等的，是一张图的两种显示方式。

（3）因价格绝对值模式与价格对数模式下的价格公式不同，造成 CM 基线或辅线以及通道在图形上的显示效果不同。对于同一个 CM 通道，价格绝对值模式下呈现出"喇叭形"或"倒喇叭形"向后拓展，其高度不一致且呈比例扩缩；而价格对数模式下的 CM 通道高度是一致的，基线与节点线间平行，所以其 CM 通道是一个平行通道。

（4）在实盘分析中，CM 通道的绘制与分析一般在价格对数模式量价图中进行。

第五章
量价结构

前文经常涉及"结构",结构是量价理论中最重要的概念。但什么是结构以及如何确定结构？本章将详细说明量价结构的确定过程及其基本应用。

结构可以理解为任何一个"存在"的规则性运行方式。如同一个人，基因决定了很多东西不可改变，从呱呱坠地到耄耋之年，但基因的力量并不能导致这个人一定会以某种确定的方式完成人生历程。相类似，量价理论认为证券在市场交易中的运行是以结构的方式来完成的，其中结构基础（部分）是结构的基因，是已经确定的部分，结构拓延是未知的且即将发生的部分，是结构具体的"人生历程"，这个过程受到了现实环境的制约、干扰并相互影响。

结构使量价运行过程尽可能避免杂乱与无序，从而减少能量的消耗。

结构理论为任何一个量价点的趋向分析提供了可能的框架，量价理论的技术分析均建立在结构的基础之上。

一、极点、平点、零点

在任何一张量价图上确定一个结构，首先要确定一个量价点 D_i，该点被称为"拟分析点 D_i"，它可以是量价图中的任何一点。所有的结构并非先天存在或不变的，它由拟分析点来导引确定。

1. 极点、极线、极域

任何一个量价点 D_i，在整个图域范围内，向历史走势的方向，按 CM 反向生成规则（CM 参数值≤0）所能达到的极限量价点，这个极限量价点被称为 D_i 的极点，这条 CM 线被称为 D_i 点的极线。D_i 点与极点间的量域范围被称为极域。

2. 平点、平线、平域

自 D_i 点向历史走势的方向，令 CM 参数值等于 $-\infty$（一条逆向水平线）

与量价图的第一个交点即为 D_i 点的平点，这条水平 CM 线被称为 D_i 的平线。平点与 D_i 点间的量域范围被称为平域。

3. 零点、零域

在极域（或平域）范围内以极线（或平线）作为 CM 基线确定的结构 B 点，被称为零点。零点与 D_i 点间的量域范围被称为零域。

说明：①极点、零点以及相应域的确定，意味着关于 D_i 点各结构范围的确定。因此，极域或零域为 D_i 点的结构域，其中极域为 D_i 点的总结构域。②当拟定分析点 D_i 在止于该点的整个图域内为最高（价格）点或最低（价格）点时，则无法利用上述规则绘制极线。此时设定极线为平线，极点为平点，为止于整个图域起点的"虚拟交点"；极域为平域，为止于 D_i 点的整个图域范围。③所谓生成极点的"CM 反向生成规则"是指以拟分析点 D_i 为起点、向着历史走势的方向、以 CM 参数值不大于 0 的 CM 线去找寻极点。④所谓"极限量价点"指在整个图域内，自 D_i 点作的反向 CM 线，有且仅有两个点与量价图相接，其中一个点是 D_i，另一个点就是"极限量价点"，即极点。

极点、平点、零点及相应域如图 5 - 1 所示。

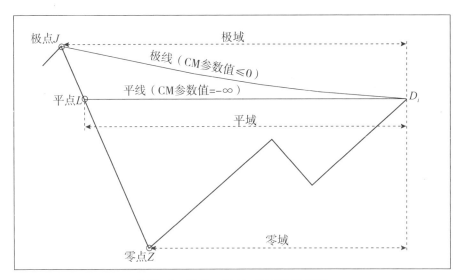

图 5 - 1　极点、平点、零点及相应域

二、结构分类

（一）结构形态分类

量价结构是量价运行的规则性显现，在二维坐标系下结构显示为一个二维平面形态。显然一个结构点或两个结构点只能构成零维的点或一维的线而无法构筑形成面结构，因此形成一个二维结构至少需要 3 个价格不尽相同的量价点。根据一个结构的结构点数量，结构分为 abc 结构与 ab 结构两类。

1. abc 结构

一个标准的结构由 4 点 3 浪，即结构 A 点、结构 B 点、结构 C 点及拓延 D 点和 a、b、c 三浪构成。其中结构 A、B 点形成 a 浪，结构 B、C 点形成 b 浪，结构 C、D 点形成 c 浪。abc 结构如图 5－2 所示。

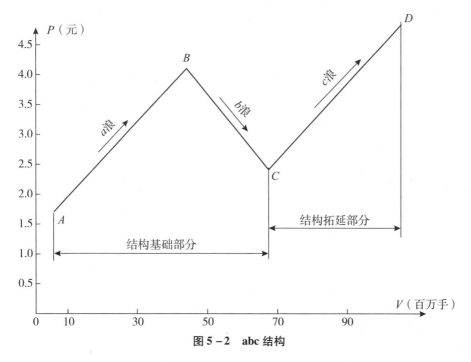

图 5－2　abc 结构

任何一个结构都可以划分成"结构基础"及"结构拓延"两部分。对一个 4 点 3 浪的 abc 结构而言，a 浪和 b 浪的部分合称为结构基础，c 浪部分被称为结构拓延。

量价理论技术分析法是分析、预测结构点 D，即分析、预测结构拓延部分。结构基础部分（a 浪、b 浪部分）在分析前已经形成，是分析的基础，在这个基础上通过结构分析法对 c 浪 D 点进行分析预判。

上述 4 点 3 浪的标准结构被称为 abc 结构。如无特别说明，结构一般指 4 点 3 浪的 abc 结构。

2. ab 结构

一个由 3 个结构点形成的结构被称为 ab 结构。ab 结构由结构 A 点、结构 B 点和结构 D 点构成。

之所以将 ab 结构（2 浪 3 点）列出来，是因为 a 浪与 b 浪间同样形成了一个平面结构形态：a 浪是结构基础，b 浪则看作结构拓延。

ab 结构虽然简单却的确存在，ab 结构可以理解为 abc 结构的"母结构"。ab 结构又被称为"极结构"，以区别于 4 点 3 浪的标准结构。

ab 结构与 abc 结构对比如图 5 - 3 所示。

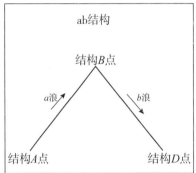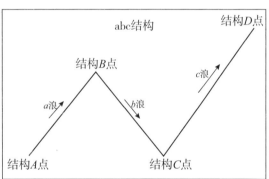

图 5 - 3　ab 结构与 abc 结构对比

（二）结构级别分类

任何一个量价点 D_i 都可确定出多个结构，各结构的运行是相对独立的，但其重要性（权重）不同。结构级别是在 D_i 点的各个结构中，对 D_i 点的影响程度不同进行的结构划分。结构级别划分依据是 D_i 点各结构基础的相对高度值，即 LCMd 值大小。据此，任一量价点的结构从大到小依次可划分为极结构、零结构、子 I 结构、子 II 结构等。下一级结构均由上一级结构的结构拓延部分重构而成，即上一级结构一定全包含有下级所有的结构。

（1）极结构：极结构由 A、B、D 三个结构点与 2 浪（a 浪、b 浪）组成，

结构 A 点与 D 点间的 CM 线为极线。将极线看作结构基线时，极结构便具有最大的 $LCMd$ 值，因此极结构是最大的结构。极结构也被称为"极道"。

（2）零结构：零结构是在极结构的拓延部分（b 浪）形成的具有最大 $LCMd$ 值的 4 点 3 浪的结构。零结构在结构相对高度上（$LCMd$）是仅次于极道的结构，也可简称为"零道"。

（3）子结构：在零道的结构拓延部分（c 浪）重构的次级的 4 点 3 浪结构，简称为"子道"。依据同样的划分原则，子道从大到小分为子Ⅰ道、子Ⅱ道等。

注：上面关于结构级别的划分原则事实上是一种价格结构的级别分类。虽然本书采用了这一分类原则，但并不排斥采用结构（基础）的量域大小或结构（基础）所包含的相对资金量的大小对结构进行分类排序的方法。

三、量价结构（CM 结构）

量价结构是由 CM 线确定的移动结构。

量价结构，是根据"CM 结构生成规则"在量价图中形成的。CM 线为价格的移动加权成本线，因此量价结构也被称为 CM 结构或 CM 通道。

（一）量价结构（CM 结构）生成规则

1. 极结构生成规则

根据极点规则，绘制拟分析点 D_i 的极线并确定出极点 J，以极线为 CM 基线确定出结构零点 B，这 3 个点便构成了 D_i 点的极结构。

2. 零结构生成规则

（1）确定零域：极结构零点到 D_i 点的范围即为零域。

（2）在零域范围内，有且只有 3 个点，分别记为 A_0、B_0、C_0 点，同时满足以下 3 个条件：①结构 B_0 点处于结构点 A_0、C_0 点间范围内；②A_0、C_0 点可生成一条有效的 CM 基线；③在价格绝对值模式下 B_0 点具有极大值 $LCMd$，或在价格对数模式下 B_0 点具有极大值 $LCMd$（与 CM 基线的垂直距离最大）。

由上述结构点 A_0、B_0、C_0 与 D_i 点形成的结构，被称为 D_i 点的零结构。

3. 子结构生成规则

C_0 点至 D_i 点间的量域范围为"Ⅰ域"，Ⅰ域内重复零结构的生成规则，形成 D_i 点子Ⅰ结构；继续有子Ⅱ结构、子Ⅲ结构等子结构。

（二）CM 结构说明

（1）CM 结构是通过价格与成交量的移动加权平均法形成的一个两维结构系统。

（2）CM 基线使结构的两部分统一于结构基础的移动成本之上，使结构具有了内在的逻辑统一性。

（3）CM 结构是量价结构理论的核心内容，是量价结构分析的基石。

（三）CM 结构案例

下面通过案例对 CM 结构的生成及应用进行详细说明。

以万科 A 为例，说明量价结构的确定及应用。

1. 月 K 线图 （见图 5 - 4）

选取 2018 年 1 月 24 日的高点作为拟分析点 D_i。

数据来源：通达信。数据起止时间：1991 年 1 月至 2019 年 1 月。

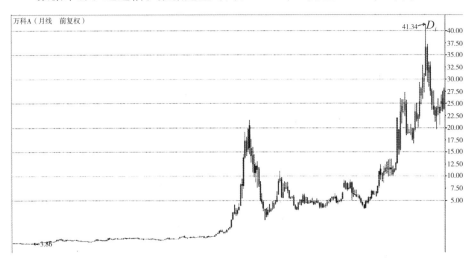

图 5 - 4　万科 A 月 K 线图 （价格绝对值模式）

2. 量价图

量价 （前） 复权，复权截止时间为 2019 年 1 月。

万科 A 量价图 （价格绝对值模式） 如图 5 - 5 所示，万科 A 量价图 （价格对数模式） 如图 5 - 6 所示。

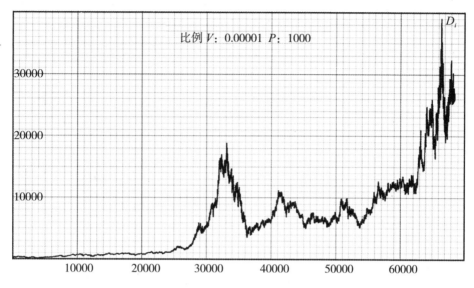

图 5 – 5　万科 A 量价图（价格绝对值模式）

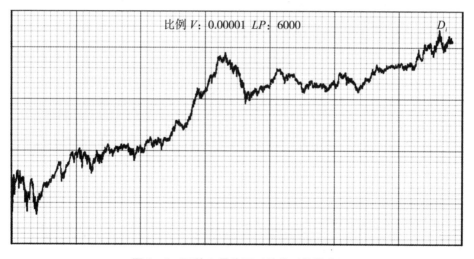

图 5 – 6　万科 A 量价图（价格对数模式）

3. D_i 点的极点、极域、零点、零域

相对于历史走势，图中 D_i 点为极值价格点，根据结构域的确定规则，极点为平点，其极域为平域，是止于 D_i 点的整个图域范围，零点（A_0）为极域（平域）内的极值最低点（见图 5 – 7）。

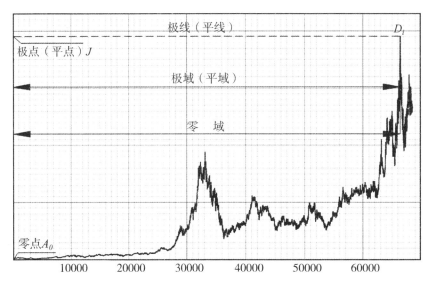

图 5－7 万科 A D_i 点的极点、极域、平点、平域、零点、零域（价格绝对值模式）

4. D_i 点的零结构

依据 CM 零结构的确立规则，在零域内绘制 CM 基线。通过计算各点的 CMd_i 值，确定结构 B_0 点，并计算绘制 CM 辅线。经过上述步骤可同时确定结构 A_0、B_0、C_0 点及零结构。

D_i 点的零结构（价格绝对值模式）如图 5－8 所示，其中价格节点值 β_P 分别取值为 1 及 0.618。

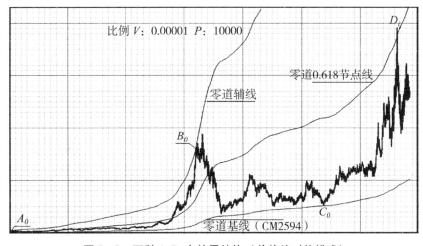

图 5－8 万科 A D_i 点的零结构（价格绝对值模式）

D_i 点的零结构（价格对数模式）如图 5 – 9 所示。

图 5 – 9　万科 A D_i 点的零结构（价格对数模式）

关于 D_i 点零结构补充以下 4 点说明。

（1）案例中，零结构基线的 CM 参数值等于 2594。价格对数模式 CM 基线为价格绝对值模式 CM 基线的转换线，其 CM 参数值也为 2594。

（2）图中的结构 A_0、B_0、C_0 点构成零结构的结构基础部分，在零域范围内这 3 个点是唯一满足上文 CM 结构生成规则的一组点。这样，结构 A_0、B_0、C_0 点就与 D_i 点构筑了 D_i 点零结构的两部分，即结构基础及结构拓延，同时这 4 个点形成一个 4 点 3 浪的 abc 结构。

（3）CM 线构筑了移动 CM 结构，这个结构在纵向上可以分解出价格结构，在横向上可以分解出成交量结构，因此 CM 结构既是价格结构也是成交量结构。

（4）关于价格结构节点阻力，如图 5 – 8 所示，可以看到 D_i 点到达了零道 0.618 节点线位置，并表现出趋势受阻特征。关于成交量结构节点阻力，可以通过 D_i 点的零结构（见图 5 – 8）中各结构点的成交量坐标以及成交量结构表达式进行计算分析。

图 5 – 8 中各结构点的实际坐标如下：

A_0（31，40），B_0（31984，16020），C_0（53669，5140），D_i（66415，39080）。

成交量结构表达式

$$V_D = V_C + (V_C - V_A) \times \beta_V$$

a 浪的成交量 $V_a = V_{B_0} - V_{A_0} = 31984 - 31 = 31953$，$b$ 浪的成交量 $V_b = V_{C_0} - V_{B_0} = 53669 - 31984 = 21685$，结构基础（$a$ 浪和 b 浪）的成交量 $V_{a+b} = V_{C_0} - V_{A_0} = 53669 - 31 = 53638$，结构拓延（$c$ 浪）的成交量 $V_c = V_{D_i} - V_{C_0} = 66415 - 53669 = 12746$，可以计算出 $\beta_V = V_c / V_{a+b} = 12746 / 53638 \approx 0.238 \approx 0.618^3$。

上面的计算表明，在一个被认为完成的 CM 结构中，与价格结构一样，成交量结构系数也趋于某个节点值。

5. D_i 点子 I 结构

根据子结构的生成规则，子 I 结构的结构域为 C_0 点到 D_i 点的量域范围。重复零结构的构建过程，在子 I 结构域内可构建子 I 结构，万科 A D_i 点的子 I 结构如图 5 - 10 所示。

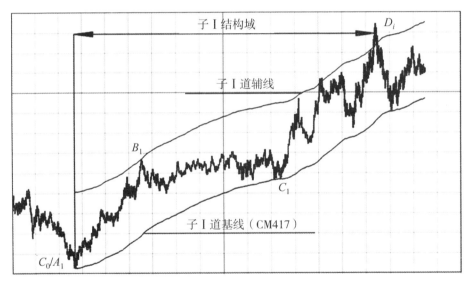

图 5 - 10　万科 A D_i 点的子 I 结构（价格对数模式）

关于子 I 结构节点阻力分析，同零结构分析，这里不再重复。

（四）不同证券种类 CM 结构分析示例

由于 CM 结构的重要性，下面将通过股票、期货（原油、外汇）重要价格节点的案例，全面说明 CM 线绘制、结构确定、量及价节点阻力计算的过程，进一步说明 CM 结构的确立、应用以及结构节点理论的适用性。

1. 股票案例

案例之一：沃森生物（300142）

（1）K 线图及量价图（数据来源：通达信。数据起止时间：2010 年 11 月至 2021 年 11 月）。

①日 K 线图（见图 5－11）。

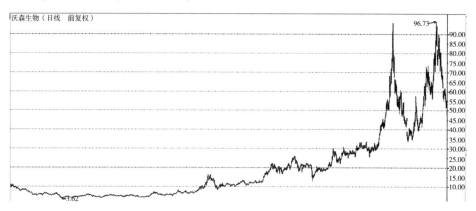

图 5－11 沃森生物日 K 线图（价格绝对值模式）

②量价复权基础数据（见图 5－12）。

【2.分红】

分红年度	分红方案	方案进度	股权登记日	除权派息日
2021-06-30	不分配不转增	董事会预案	----	----
2020-12-31	10派0.5元(含税)	实施方案	2021-05-18	2021-05-19
2020-06-30	10派0.2元(含税)	实施方案	2020-09-29	2020-09-30
2019-12-31	不分配不转增	股东大会预案	----	----
2019-06-30	不分配不转增	董事会预案	----	----
2018-12-31	10派0.3元(含税)	实施方案	2019-07-22	2019-07-23
2018-06-30	不分配不转增	董事会预案	----	----
2017-12-31	不分配不转增	股东大会预案	----	----
2017-06-30	不分配不转增	董事会预案	----	----
2016-12-31	不分配不转增	股东大会预案	----	----
2016-06-30	不分配不转增	董事会预案	----	----
2015-12-31	不分配不转增	股东大会预案	----	----
2015-06-30	10转增20股	实施方案	2015-10-13	2015-10-14
2014-12-31	10转增10股派0.5元(含税)	实施方案	2015-04-22	2015-04-23
2014-06-30	不分配不转增	董事会预案	----	----
2013-12-31	10转增3股派0.5元(含税)	实施方案	2014-05-29	2014-05-30
2013-06-30	不分配不转增	董事会预案	----	----
2012-12-31	10派2.5元(含税)	实施方案	2013-06-18	2013-06-19
2012-06-30	不分配不转增	董事会预案	----	----
2011-12-31	10转增2股派3元(含税)	实施方案	2012-05-04	2012-05-07
2011-06-30	10派3元(含税)	实施方案	2011-09-15	2011-09-16
2010-12-31	10转增5股	实施方案	2011-05-04	2011-05-05

图 5－12 沃森生物量价复权基础数据

③根据前文量价理论复权方式，对 K 线（不复权）数据进行量价（前）复权，并绘制量价图（复权截止时间：2021 年 11 月 7 日）。价格绝对值模式量价图如图 5-13 所示，价格对数模式量价图如图 5-14 所示。

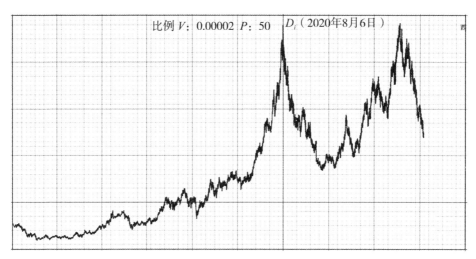

比例 V: 0.00002 P: 50　D_i（2020年8月6日）

图 5-13　沃森生物量价图（价格绝对值模式）

比例 V: 0.00002 LP: 1000

D_i（2020年8月6日）

图 5-14　沃森生物量价图（价格对数模式）

④根据量价（前）复权数据，计算区间成本 P_d^-。V_d 值：1mm。P_d^- 计算成果（部分）如图 5-15 所示。

（2）选择量价图中的 D_i 点为拟分析点（价格为 95.83 元，时间为 2020 年 8 月 6 日）。

拟分析的问题：通过构建 D_i 点的 CM 结构，分析 D_i 点的结构节点阻力。

V（mm）	价格绝对值P_d^-		V（mm）	价格对数值LP_d^-
0	6.61		0	1888.94
1	10.53		1	2354.03
2	10.61		2	2362.03
3	10.70		3	2370.03
4	10.78		4	2378.03
5	10.87		5	2386.03
6	10.96		6	2394.03
7	10.97		7	2394.83
8	10.91		8	2389.83
9	10.86		9	2384.83
10	10.80		10	2379.83
11	10.75		11	2374.83
12	10.70		12	2369.83
13	10.64		13	2364.83
14	10.59		14	2359.83
15	10.54		15	2354.83
16	10.48		16	2349.83
17	10.43		17	2344.83
18	10.38		18	2339.83
19	10.33		19	2334.83
20	10.28		20	2329.83
21	10.22		21	2324.83
22	10.17		22	2319.83
23	10.12		23	2314.83
24	10.07		24	2309.83
25	10.02		25	2304.83
26	9.97		26	2299.83
27	9.92		27	2294.83
28	9.87		28	2289.83
...	...		...	...

图 5－15　沃森生物 P_d^- 计算成果（部分）

（3）构建 D_i 点零结构及零结构分析。

①确定 D_i 点零结构域。

由于 D_i 点为止于该点的图域内的最高点，根据结构域的确定规则，其极域为平域，为该点总的结构域。在结构域内，与平线间有极大 $LCMd$ 值的点为零点，零点与 D_i 点间的量域范围为零域，亦即零结构域，沃森生物 D_i 点的极点、极域、平点、平域、零点、零域如图 5－16 所示。

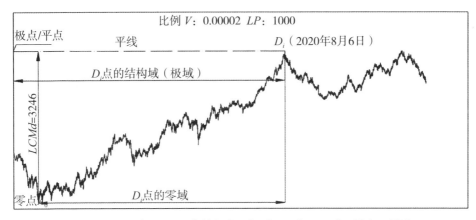

图 5-16 沃森生物 D_i 点的极点、极域、平点、平域、零点、零域

②确定 D_i 点的零结构。

根据结构生成规则，在零域范围内，有且仅有 3 个量价点 A_0、B_0、C_0，满足：A_0、C_0 点可形成一条有效的 CM 基线，B_0 点在 A_0、C_0 点之间，且 B_0 点与 CM 基线间有极大的 $LCMd$ 值。根据上述规则，在图中找到这仅有的 3 个点 A_0、B_0、C_0，并绘制出零结构图。这样，A_0、B_0、C_0、D_i 点就形成了关于 D_i 点的零结构（见图 5-17）。

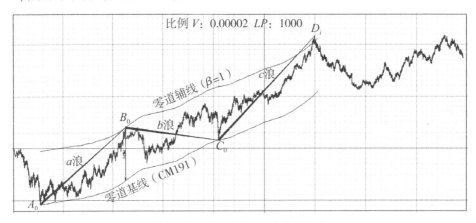

图 5-17 沃森生物 D_i 点的零结构

③零结构的量、价结构节点阻力分析。

价格节点阻力：从图 5-17 可以看到，在 D_i 点的零结构中，该点位置达到了零道辅线（基准节点线），表明该点将受到来自零结构价格的基准节点阻力。

成交量节点阻力：根据 D_i 点零结构各结构点的坐标可以得到结构拓延与结构基础的成交量值（见图 5-18）。

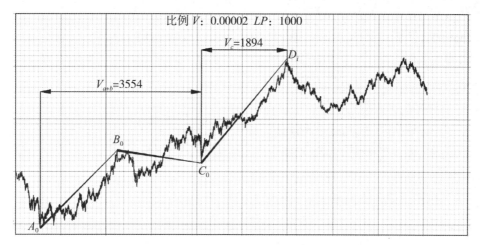

图 5-18　沃森生物 D_i 点结构拓延与结构基础的成交量值

计算成交量结构系数 $K_V = V_c/V_{a+b} = 1894/3554 \approx 0.533$。

0.533 位于三阶节点值 0.528 附近，表明 D_i 点将受到零结构成交量的三阶节点阻力。

④零结构分析结论。

案例系统地说明了从 K 线数据经量价复权、绘制量价图到构建 D_i 点零结构、分析 D_i 点零结构节点阻力的过程。就本案例而言，分析点达到了价格结构的基准节点阻力线位置（零道辅线），并达到了成交量结构的三阶节点阻力位置，因此 D_i 点将受到零结构的基准价阻力以及三阶节点阻力，可以合理判断该点将受到零结构显著的阻力作用。

关于成交量节点结构的特别说明：本案例中成交量节点阻力为三阶，考虑到它的权重及相应的阻力效应，在实践操作中，基于谨慎性原则，节点判断一般止于二阶节点值。对于三阶及低于三阶的节点值，因其阻力的可置信度不足而认为它不会对拟分析点产生显著的阻力效应。

基于以上说明，D_i 点零结构分析结论应重新表述为：D_i 点将受到零结构的基准价阻力，可合理判断该点将受到零结构显著的阻力作用。

（4）D_i 点子 I 结构分析。

虽然零结构是最重要的价格结构，但子结构的独立性表明子结构同样可以表达其对量价点的阻力作用。子结构分析不仅可以判定 D_i 点是否是子结构的顶点或底点,同时可以起到综合判定该点受到的结构总阻力大小的作用。即当某一量价点受到零结构的节点阻力,同时该点又受到来自子结构的节点阻力时,则该点受到的总阻力将会叠合强化;当某一量价点没有受到零结构的节点阻力,但该点受到来自子结构的节点阻力时,则该点受到的阻力将仅是子结构的,一般情况下其合理调整限于子结构。

①确立子 I 结构。

子 I 结构即为零结构的结构拓延部分(C_0 点至 D_i 点范围),重复零结构的生成过程,可形成子 I 结构。子 I 结构的分析同样从价格结构及成交量结构两方面进行。

沃森生物 D_i 点的子 I 结构如图 5 – 19 所示。

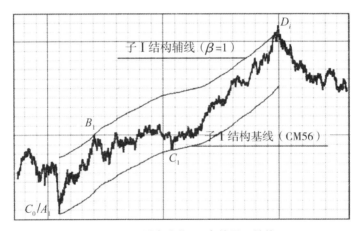

图 5 – 19 沃森生物 D_i 点的子 I 结构

②子 I 结构量、价节点阻力分析。

价格节点阻力:从图 5 – 19 可以看出,在 D_i 点的子 I 结构中,该点位置达到了结构辅线(基准节点线),表明该点将会受到来自子 I 结构的价格基准阻力。

成交量节点阻力:通过计算可得子 I 结构的成交量结构系数,即 $K_V = V_c/V_{a+b} = 924.5/970.1 \approx 1$。

③子 I 结构分析结论。

在 D_i 点的子 I 结构中,纵坐标价格及横坐标成交量同时达到了基准节点值 1,表明该点会受到来自子 I 结构的基准价阻力以及基准量阻力。

（5）子Ⅱ结构分析及评价。

在子Ⅰ结构的结构拓延部分，可以以同样的方式对次一级结构（子Ⅱ结构）进行节点阻力分析，沃森生物 D_i 点的子Ⅱ结构如图 5-20 所示。

图 5-20　沃森生物 D_i 点的子Ⅱ结构

如图 5-20 所示，D_i 点同样达到了子Ⅱ结构辅线，且通过计算可知成交量结构系数约等于 0.382（一阶节点值），表明 D_i 点的当前趋势将受到子Ⅱ结构的基准价阻力以及一阶量阻力。

在子结构的分析中，要注意由于子结构所具有的结构高度（*LCMd* 值）逐级减小，一般情况下其包含的相对资金量也同步减小，导致本级结构产生的阻力效应也相应逐级减小；同时导致其有更强的相对波动比，从而其结构节点值误差可能更大。因此，在实践中一般重点分析具有较大结构高度值的极结构和零结构，对子结构的分析是基于上级结构未出现显著的节点阻力的情况下进行的，子结构级别深度具体根据短线操作的要求以及其 *LCMd* 值的大小确定（如果 *LCMd* 值过小，对实际操盘的指导意义并不大）。本书建议对子结构的分析深度一般不超过Ⅱ级。

（6）D_i 点综合结构阻力分析结论。

从本例的零结构及子Ⅰ结构、子Ⅱ结构分析，可以看出 D_i 点受到以下显著阻力：①零结构的基准价阻力；②子Ⅰ结构的基准价阻力及基准量阻力；③子Ⅱ结构基准价阻力以及一阶量阻力。

上述结构阻力同时对 D_i 点产生阻力作用，其形成的综合阻力是叠加的，也就是说，D_i 点成为零结构、子Ⅰ结构、子Ⅱ结构的阻力叠点，这进一步增加了合理判断 D_i 点是结构 D 点（顶点或底点）的可能性。

案例之二：电科数字（600850）（原华东电脑）

（1）K线图及量价图（数据来源：通达信。数据起止时间：上市至 2021 年 11 月）。

①周 K 线图（见图 5 – 21）。

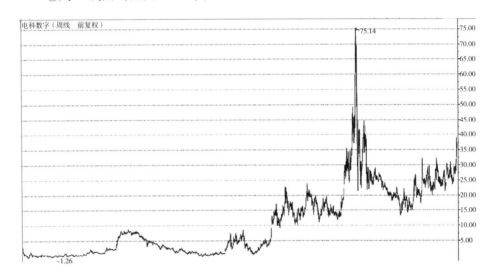

图 5 – 21　电科数字周 K 线图（价格绝对值模式）

②量价图。

复权方式：量价（前）复权。复权截止时间：2021 年 11 月。

价格绝对值模式量价图如图 5 – 22 所示，价格对数模式量价图如图 5 – 23 所示。

设定图中的 D_i 点（2015 年 6 月 2 日的高点）为分析点。

注：量价图采用的数据起点为 IPO 发行，而非上市开盘。

③计算区间成本。

设 $V_d = 10\text{mm}$，采用面积法计算。区间成本 P_d^- 计算成果（部分）如图 5 – 24 所示。

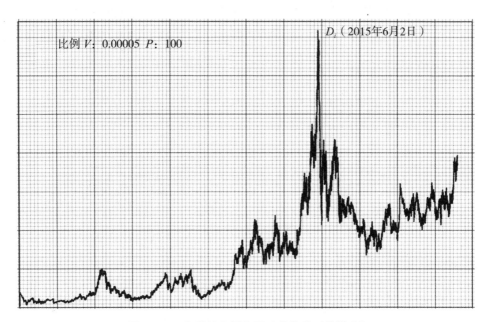

图 5 – 22 电科数字量价图（价格绝对值模式）

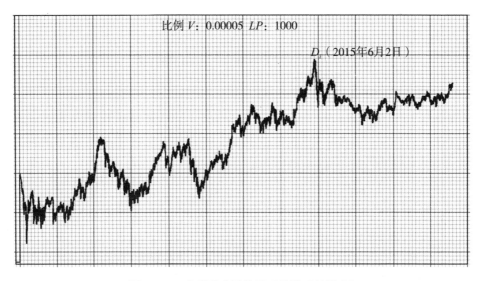

图 5 – 23 电科数字量价图（价格对数模式）

V_d	P_d^-（元）			V_d	LP_d^-
0	0.42			0	3746.30
10	3.87			10	5959.14
20	3.80			20	5940.50
30	3.62			30	5890.50
40	3.44			40	5840.50
50	3.27			50	5791.29
60	3.12			60	5744.37
70	2.73			70	5609.62
80	2.56			80	5546.88
90	2.63			90	5572.22
100	2.34			100	5457.40
110	1.82			110	5203.14
120	1.65			120	5105.82
130	1.81			130	5195.97
140	1.85			140	5222.84
150	1.85			150	5217.67
160	1.71			160	5142.75
170	1.49			170	5006.87
180	1.05			180	4650.45
190	0.93			190	4535.27
200	1.07			200	4670.27
210	1.33			210	4887.94
220	1.49			220	5001.40
230	1.88			230	5236.85
240	1.67			240	5118.53
250	1.80			250	5191.97
...	...			...	...
...	...			...	...

图 5-24　电科数字区间成本 P_d^- 计算成果（部分）

（2）拟分析的问题。

分析 D_i 点的各级 CM 结构的节点阻力情况，以合理判断 D_i 点是否有可能成为结构顶点。

（3）构建 D_i 点的零结构并进行零结构分析。

①确定 D_i 点零结构域。

电科数字 D_i 点的极点、极域、平点、平域、零点、零域如图 5-25 所示。

②确定零结构。

在零域范围内依次绘制有效的 CM 基线，在所有有效 CM 基线中确定具有极大 $LCMd$ 值的那一条基线，即可得零结构基线，它满足零结构的生成规则。零结构基线与量价图的两个相接点即结构 A_0 点与结构 C_0 点，与零结构基线具有极大 $LCMd$ 值的量价点即结构 B_0 点。这样，A_0、B_0、C_0、D_i 点共同构成

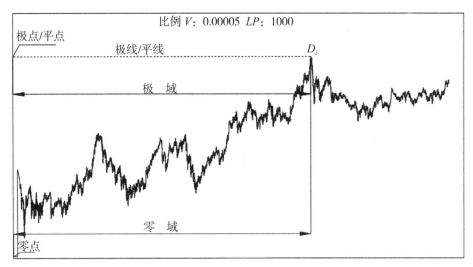

图 5 – 25   电科数字 D_i 点的极点、极域、平点、平域、零点、零域

了 D_i 点的零结构。在价格对数模式下垂直平移零结构 CM 基线至结构 B_0 点，即可得零结构辅线，构建出 D_i 点的零结构（见图 5 – 26）。

图 5 – 26   电科数字 D_i 点的零结构

③零结构量、价节点阻力分析。

价格节点阻力：从图 5 – 26 可以看出，在 D_i 点的 CM 零结构中，该点位置达到了结构辅线（基准节点线），表明该点将会受到来自零结构的基准价阻力。

成交量节点阻力：从图 5-27 标注的结构拓延（V_c）与结构基础的成交量值（V_{a+b}），可以计算出 D_i 点零结构的成交量结构系数，$K_V = V_c/V_{a+b} = 3086.38/4912.61 \approx 0.628 \approx 0.618$。

即 D_i 点的横坐标（成交量）达到了该点零结构的 0.618 节点位置（一阶节点值），表明该点将受到来自零结构的一阶量阻力。

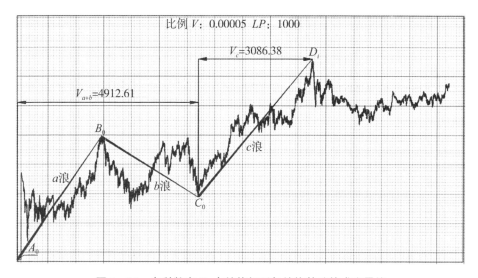

图 5-27 电科数字 D_i 点结构拓延与结构基础的成交量值

④零结构分析结论。

通过对 D_i 点零结构的量、价结构分析计算，该点分别达到了价格的基准阻力节点线（纵坐标）以及成交量一阶节点阻力位置（横坐标），从而该点将受到零结构的基准价阻力及一阶量阻力。因此可以合理判断该点将受到来自零结构显著的阻力作用。

（4）D_i 点子 I 结构节点阻力分析。

①确立子 I 结构。

子 I 结构即为零结构的结构拓延部分（C_0 点至 D_i 点范围），重复零结构的生成过程，可形成子 I 结构（见图 5-28）。

②子 I 结构量、价节点阻力分析。

图 5-28 可以看到，D_i 点的价格达到了子 I 结构辅线；成交量结构系数经计算，K_V 约等于 0.236。

子 I 结构辅线（$\beta = 1$）

B_i

C_i

子 I 结构基线（CM132）

C_0/A_1

D_i

图 5 - 28 电科数字 D_i 点的子 I 结构

③子 I 结构分析结论。

在 D_i 点的子 I 结构，纵坐标价格及横坐标成交量，分别达到了基准节点值 1 及二阶节点值 0.236，表明该点会受到来自子 I 结构的基准价阻力以及二阶量阻力。

（5）D_i 点子 II 结构节点阻力分析。

同子 I 结构的构建及分析一样，电科数字 D_i 点的子 II 结构如图 5 - 29 所示。从图 5 - 29 中可以得出 D_i 点的量、价结构系数分别达到了基准节点值 1。因此，D_i 点将同时受到子 II 结构的基准价阻力以及基准量阻力。

（6）D_i 点综合结构节点阻力分析结论。

通过构建 D_i 点的零结构、子 I 结构、子 II 结构，并分别对其进行量、价节点阻力分析，结果表明 D_i 点同时受到以下显著阻力：①零结构基准价阻力以及一阶量阻力；②子 I 结构基准价阻力及二阶量阻力；③子 II 结构基准价阻力以及基准量阻力。上述结构阻力在 D_i 点位置进行了叠合，因此可以合理判断 D_i 点将受到显著的结构阻力并可能成为结构顶点。

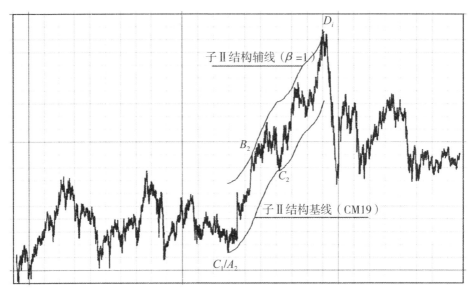

图 5 - 29　电科数字 D_i 点的子 II 结构

案例之三：五粮液（000858）

（1）K 线图及量价图（数据来源：通达信。数据起止时间：1998 年 4 月至 2021 年 11 月）。

①周 K 线图（见图 5 - 30）。

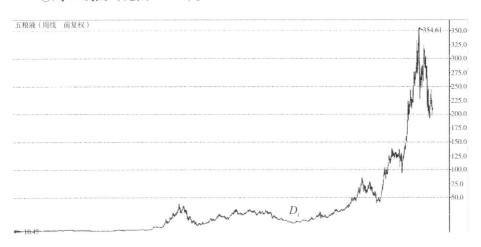

图 5 - 30　五粮液周 K 线图（价格绝对值模式）

②量价图（量价前复权，复权截止时间为 2021 年 11 月）（见图 5 - 31）。

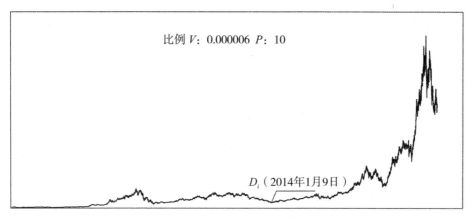

比例 V：0.000006 P：10

D_i（2014年1月9日）

图 5 – 31 五粮液量价图（价格绝对值模式）

（2）拟分析点 D_i。

上面两个案例均以重要的高点为分析点进行了分析，本案例以一个重要的调整完成的低点为分析点进行量、价结构的节点阻力分析。因此，设定2014 年 1 月 9 日的低点作为分析点，分析点 D_i 在价格对数模式下量价图中的位置如图 5 – 32 所示。

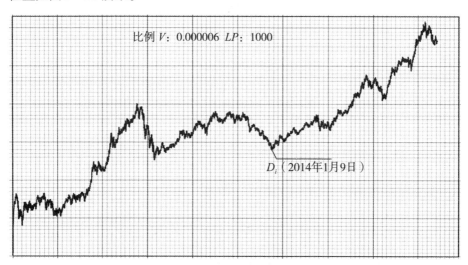

比例 V：0.000006 LP：1000

D_i（2014年1月9日）

图 5 – 32 分析点 D_i 在价格对数模式下量价图中的位置

（3）构建 D_i 点的极结构并进行极结构分析。

与本章前文案例一与案例二相比，本示例的分析点 D_i 存在明显的极结构（极道结构基础具有明显的量积累），因此本示例首先进行极结构的分析。

①确定 D_i 点极域、零域。

绘制 D_i 点的极线，并确定极点、极域、零点、零域，如图 5 – 33 所示。

图 5 – 33　五粮液 D_i 点的极点、极域、零点、零域

②D_i 点极结构及其量、价节点阻力分析。

图 5 – 33 中的极点 J、零点 Z、D_i 点构成了 D_i 点的极结构。

极结构是一个特殊的 3 点 2 浪结构，其结构基础部分（a 浪）与结构拓延部分（b 浪）的对数价格差永远相等（其值均等于 LCMd），因此此部分仅对成交量结构进行节点阻力分析。

五粮液 D_i 点结构拓延与结构基础的成交量值如图 5 – 34 所示。

根据极结构两部分的量值关系计算其成交量结构系数，$K_V = V_b/V_a = 2987/2848 \approx 1$。

计算结果表明，D_i 点极结构的成交量结构系数近似于基准节点值 1，因此该点将受到极结构的基准量阻力。

（4）D_i 点零结构及其量、价节点阻力分析。

①确定 D_i 点零结构。

在零域范围内，构建出具有极大 LCMd 值的 CM 结构，即为零结构。五粮液 D_i 点的零结构如图 5 – 35 所示。

图 5 – 34 五粮液 D_i 点结构拓延与结构基础的成交量值

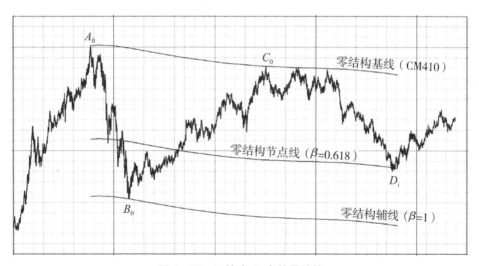

图 5 – 35 五粮液 D_i 点的零结构

②零结构量、价节点阻力分析。

价格节点阻力：在图 5 – 35 可以看到 D_i 点在下调过程中达到了 0.618 节点线（0.618 为一阶节点值），并表现出了趋势受阻特征，表明该点受到了零结构的一阶价阻力。

成交量节点阻力：根据各点横坐标值可以计算出零结构的成交量结构系数为 0.71。

0.71 不属于二阶之内的节点值，因此可以认为 D_i 点没有受到显著的零结构成交量节点阻力。

（5）D_i 点子 I 结构及其量、价节点阻力分析。

图 5-36 为 D_i 点的子 I 结构图，图中 D_i 点在 0.618 节点线附近受到了阻力。通过计算可得成交量结构系数为 0.47，0.47 在三阶节点值 0.472 附近，但其不属于二阶之内的节点值，因此可以认为 D_i 点没有受到显著的子 I 结构成交量节点阻力。

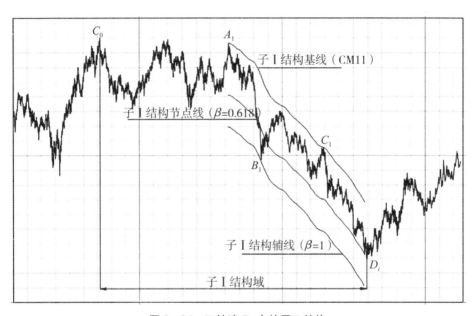

图 5-36 五粮液 D_i 点的子 I 结构

（6）D_i 点综合结构节点阻力分析。

通过对 D_i 点的极结构、零结构和子 I 结构的节点阻力分析，可以发现 D_i 点受到以下显著的节点阻力：①极结构基准量阻力；②零结构一阶价阻力；③子 I 结构一阶价阻力。

以上 3 个阻力在 D_i 点产生了叠合，因此可以合理判断 D_i 点当前的（下行）趋势将受到结构显著的阻力作用。

2. 期货案例

期货指数的量、价节点阻力分析相对股票而言要简单一些，这是因为期货指数不需要进行量价复权。

案例之一：WTI 原油指数

（1）K 线图（数据来源：文华财经。数据起止时间：1986 年 4 月至 2021 年 11 月）（见图 5 – 37）。

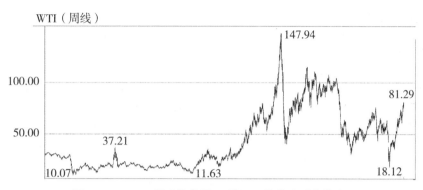

图 5 – 37 WTI 原油指数周 K 线图（价格绝对值模式）

（2）量价图（见图 5 – 38、图 5 – 39）。

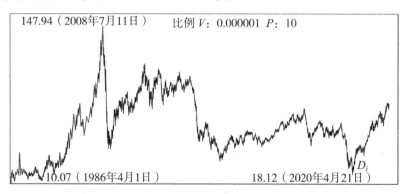

图 5 – 38 WTI 原油指数量价图（价格绝对值模式）

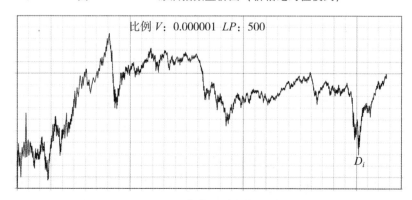

图 5 – 39 WTI 原油指数量价图（价格对数模式）

（3）计算区间成本。

设定 V_d 值为 5mm，采用面积法计算，P_d^- 计算成果（部分）如图 5 - 40 所示。

（4）分析 D_i 点。

设定 2020 年 4 月 21 日的低点 18.12 美元/桶为分析点（见图 5 - 39）。

拟分析的问题：分析 D_i 点的各级 CM 结构的节点阻力情况，以合理判断 D_i 点当前趋势的阻力。

V_d	P_d^-		V_d	LP_d^-
0	147.94		0	3649.69
5	134.25		5	3601.14
10	122.18		10	3554.05
15	115.36		15	3525.34
20	104.32		20	3475.01
25	98.65		25	3447.08
30	85.70		30	3376.71
35	72.91		35	3295.90
40	62.32		40	3217.46
45	53.36		45	3139.80
50	48.70		50	3094.14
55	49.25		55	3099.74
60	47.77		60	3084.51
65	46.41		65	3070.07
70	44.16		70	3045.22
75	47.16		75	3078.06
80	53.18		80	3138.16
85	53.61		85	3142.17
90	54.48		90	3150.19
95	59.22		95	3191.90
100	65.31		100	3240.84
105	72.14		105	3290.59
110	68.10		110	3261.75
115	66.59		115	3250.55
			...	
			...	
			...	

图 5 - 40 WTI 原油指数 P_d^- 计算成果（部分）

（5）D_i 点 CM 结构分析。

①极结构量、价节点阻力分析。

绘制 D_i 点的极线，并以此确定 D_i 点的极点、极结构零点。WTI 原油指数 D_i 点的极结构如图 5 - 41 所示。

图 5 - 41 中的极点 A、零点 B、D_i 点构成了 D_i 点的 3 点 2 浪的极结构，极结构的量价分析仅限于量结构的节点阻力分析。

设极点 A 横坐标为 0，则有零点 B 的横坐标值为 815，D_i 点的横坐标值为 3020；极结构的成交量结构系数 $K_V = V_b/V_a = (3020 - 815)/815 \approx 2.706 \approx 2.618$。

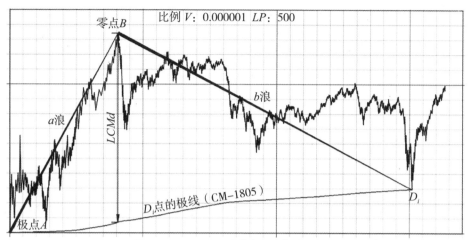

图 5 – 41　WTI 原油指数 D_i 点的极结构

2.618 为一阶节点值，实际值与计算值间的结构误差 $\delta_V = (2.706 - 2.618) / 2.618 \approx 3.4\%$。

计算结果表明，成交量结构误差 δ 在 $\pm 10\%$ 的可接受范围内。

极结构成交量节点阻力分析结论：D_i 点的极结构成交量结构系数达到了一阶节点值 2.618，因此可以合理判断 D_i 点将受到极结构的一阶量阻力。

②零结构量、价节点阻力分析。

极结构的零点（图 5 – 41 中的 B 点）到 D_i 点的范围为 D_i 点的零域，在零域内根据 CM 结构规则确定出结构点 A_0、B_0、C_0，与 D_i 点一起构成 D_i 点的零结构，如图 5 – 42 所示。

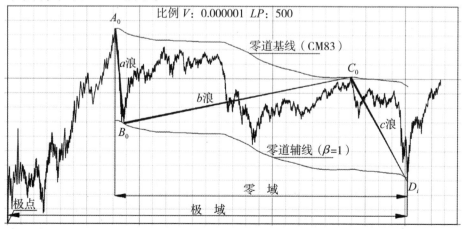

图 5 – 42　WTI 原油指数 D_i 点的零结构

零结构价格节点阻力分析：图中 D_i 点达到了零道辅线，即价格将受到零结构的基准价阻力。

成交量节点阻力分析：根据零结构各结构点的成交量坐标，A_0 点横坐标值为 815，B_0 点横坐标值为 882，C_0 点横坐标值为 2588，D_i 点横坐标值为 3020，零结构成交量结构系数 $K_V = V_c/V_{a+b} = (3020 - 2588)/(2588 - 815) \approx 0.244 \approx 0.236$。

0.236 为二阶节点值，下面计算实际结构系数与节点值间的结构误差。

成交量结构误差 $\delta_V = (0.244 - 0.236)/0.236 \approx 3.4\%$，计算结果表明成交量结构误差 δ 在 $\pm 10\%$ 的可接受范围内。

零结构节点阻力分析结论：通过对 D_i 点的量、价节点阻力分析，该点价格已经达到零道辅线，将受到零结构的基准价阻力；D_i 点的成交量结构系数已经达到了二阶节点值 0.236，将受到零结构的二阶量阻力。

③D_i 点综合结构节点阻力分析结论。

D_i 点将受到来自极结构的一阶量阻力，同时将受到来自零结构的基准价阻力及二阶量阻力，表明该点继续当前的（下行）趋势将受到结构显著的阻力作用。

案例之二：欧元主力连续（欧元/美元）

由于无法获得欧元/美元的"加权价格指数"数据，所以本例采用"欧元主力连续"（以下简称欧元主连）来进行量价结构节点阻力分析。

（1）K 线图（数据来源：文华财经。数据起止时间：2003 年 4 月至 2021 年 11 月）（见图 5 - 43）。

图 5 - 43　欧元主连日 K 线图（价格绝对值模式）

（2）量价图（数据起止时间：1999年1月至2021年11月）（见图5－44、图5－45）。

图5－44 欧元主连量价图（价格绝对值模式）

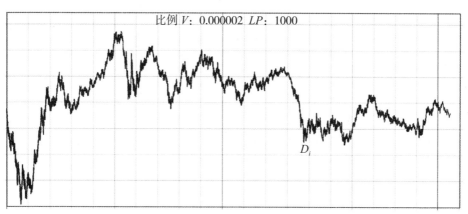

图5－45 欧元主连量价图（价格对数模式）

（3）分析点 D_i。

选择图5－45中 D_i 点为分析点（汇率：1.0463，时间为2015年3月13日）。

拟分析的问题：分析 D_i 点的各级量价结构的节点阻力情况，以合理判断 D_i 点是否有可能成为结构底点。

（4） D_i 点 CM 结构分析。

①极结构量、价节点阻力分析。

绘制 D_i 点的极线，并以此确定极结构各点。欧元主连 D_i 点的极结构如图5－46所示。

图 5 – 46 中的极点 A、零点 B、D_i 点共同构成 D_i 点的极结构。

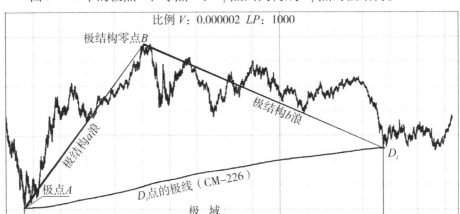

图 5 – 46 欧元主连 D_i 点的极结构

欧元主连 D_i 点结构拓延与结构基础的成交量值，如图 5 – 47 所示。

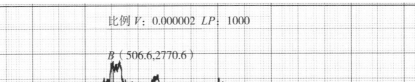

图 5 – 47 欧元主连 D_i 点结构拓延与结构基础的成交量值

根据图 5 – 47 中极结构各点的成交量坐标，可以计算成交量结构系数，$K_V = V_b / V_a = 868 / 440 \approx 2$。

2 是一阶节点值，表明 D_i 点将受到极结构的一阶量阻力。

②零结构量、价节点阻力分析。

极结构的零点至 D_i 点的量域范围为零域，在零域内找到的具有极值 $LCMd$ 值的结构即零结构。D_i 点的零结构如图 5 – 48 所示。

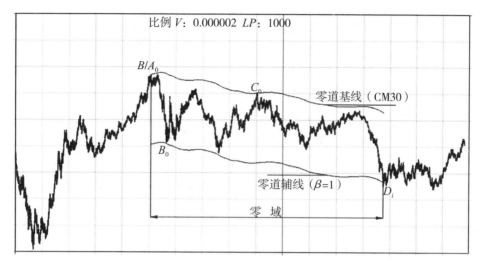

图 5 – 48　欧元主连 D_i 点的零结构

零结构价格结构节点阻力：图中 D_i 点已到达零道辅线，即价格趋势将受到零结构的基准价阻力。

成交量结构节点阻力：根据图中各点坐标可计算出零结构各浪的成交量值，进而可以计算成交量结构系数，$K_V = V_c/V_{a+b} = 470.5/397 \approx 1.19 \approx 1.236$。

1.236 是二阶节点值，下面计算实际结构系数与节点值间的结构误差，$\delta_V = (1.19 - 1.236)/1.236 \approx -3.72\%$。

计算结果表明成交量结构误差 δ 在 $\pm 10\%$ 的可接受范围内，即 D_i 点将受到零结构二阶量阻力。

③D_i 点综合结构节点阻力分析结论。

D_i 点受到极结构的一阶量阻力，同时受到零结构的基准价阻力及二阶量阻力，表明该点当前趋势将受到结构显著的阻力作用。

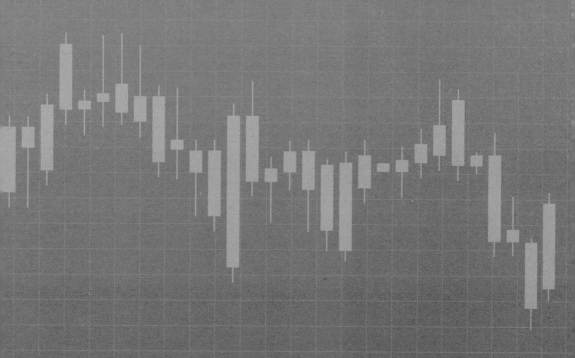

第六章
节点值

一、节点值的含义

节点值 β，是一个相对完成的结构中的结构拓延与结构基础部分的量、价比例系数值。节点值分为价格节点值 β_P 与成交量节点值 β_V。

结构在完成之前，也可被称为结构，其价、量结构系数分别用 K_P 与 K_V 表示，其数学表达式在上文已经讨论过。量价结构理论认为，$K_P = \beta_P$ 或 $K_V = \beta_V$，是结构成为一个"相对完成的结构"的必要条件，这是结构本身的完整性、稳定性或系统性的属性要求。反言之，一个结构如果其价、量结构系数不等于节点值，则该结构是不稳定的，是一个"没有完成的结构"，在此种情况下该结构将倾向于继续当前趋势的拓延，直至受阻完成。

市场交易的量价点要打破一个相对稳定的结构，就会遇到阻力，这个阻力被称为结构阻力，阻力的大小与结构的大小呈正相关关系。因此，节点值就是结构的阻力值，相应的节点线就是结构的阻力线。但要注意的是，当结构系数等于某个节点值时，仅表明当前结构将表现出对当前趋势显著的阻力作用，但并非表明这个阻力一定能够阻止当前趋势的延拓。在数学意义上，节点值是结构完成的必要条件，而非充分条件。

二、节点值的作用

对任何一个量价点 D_i，其各级结构是确定的，且该点的每一级结构的结构基础的价、量数据是已知的。每一个相对完成的结构，满足以下表达式。

价格结构表达式

$$LP_D = LP_C + (LP_B - LP_A) \times \beta_P$$

成交量结构表达式

$$V_D = V_C + (V_C - V_A) \times \beta_V$$

结构节点值是表达式中唯一的未知数，因此任何一个结构只要确定了结构节点值，就可以导出整个结构，即导出结构 D 点的坐标，而 D 点就是市场寻求的顶点或底点。

三、节点值的一般表达式

（一）节点值迭代基数

在讨论节点值表达式之前，需要确定以下前提。

任何一个结构，其结构基础与结构拓延是相关的。其相关性表现在两个方面：一是结构基础是结构的母体，结构拓延是结构的子体；二是母体与子体间的相关关系为自我迭代。

1. 完全迭代及其基数

在上述前提下，如果结构拓延是结构基础的完全迭代，即自我重复，则结构拓延便等于结构基础。

设结构基础的值为 A，结构拓延的值为 a，迭代基数为 K，则有下列迭代公式

$$a = K \times A$$

在完全迭代情况下，$K=1$，则有 $a=A$。

其中，$K=1$ 被称为"完全迭代基数"。

一个结构在完全迭代的情况下，它的结构基础部分（a 浪与 b 浪）与结构拓延部分（c 浪）在价差（价格对数模式）与量差上完全相等，即满足表达式

$$K_P = \beta_P = 1$$
$$K_V = \beta_V = 1$$

完全迭代结构如图 6 - 1 所示。

2. 非完全迭代及其基数

在更多的情况下，结构拓延与结构基础间的迭代过程并不是完全迭代的，这可以理解为结构拓延在迭代过程中受到了外部环境的影响而产生了畸变。

设结构基础值为 A，结构拓延值为 a，迭代基数为 K，迭代公式为

$$a = K \times A$$

其中结构拓延 a 一次自我迭代（分裂）出 m 个子体，即

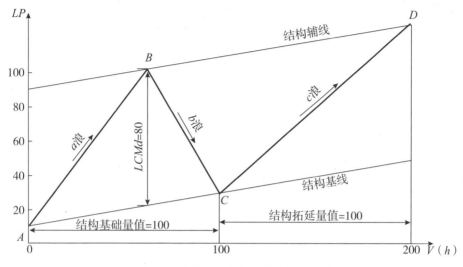

图 6 - 1　完全迭代结构

$$a = a_1 + a_2 + \cdots a_m = \sum_{i=1}^{m} a_i$$

①当 $m = 1$，有 $a = a_1$，且有 $a_1 = K \times a = a$，即 $K = 1$。

②当 $m = 2$，即结构拓延 a 一次自我迭代为 2 个子体 a_1、a_2 时，有 $a = a_1 + a_2$，且有 $a_1 = K \times a$，$a_2 = K \times a_1 = K \times K \times a = K^2 \times a$，即 $K = 0.618$。

③当 $m = 3$，即结构拓延 a 一次自我迭代为 3 个子体 a_1、a_2、a_3 时，有 $a = a_1 + a_2 + a_3$，且有 $a_1 = K \times a$，$a_2 = K \times a_1 = K^2 \times a$，$a_3 = K \times a_2 = K^3 \times a$，即 $K = 0.544$。

④当 $m \to \infty$，即结构拓延 a 一次自我迭代出无限个子体时，有 $a = a_1 + a_2 + \cdots a_m = a \times (K + K^2 + \cdots + K^m)$，即 $K = 0.5$。

在量价理论中，无论结构是大是小，或其经历了多少次的分裂、合并，结构均只含有结构基础与结构拓延两部分，结构拓延部分的迭代分裂也是一样的，因此在上述各个迭代基数 K 值中，本书仅选取 $m = 2$ 时的 0.618 作为迭代基数。

（二）结构阶值

结构阶值，指一个结构中结构拓延部分的整体性分级，用 i 表示。$i = 0$ 指把结构拓延部分看作单纯的 c 浪，为零阶；$i = 1$ 指把结构拓延部分 c 浪分

解为具有极值 $LCMd$ 的 a_1 浪、b_1 浪与 c_1 浪，为一阶，并以此类推。结构分阶如图 6 - 2 所示。

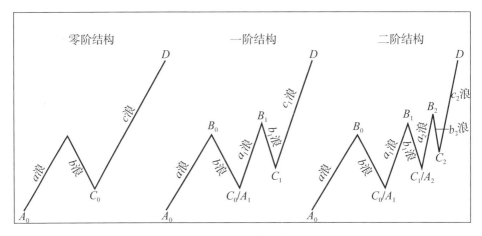

图 6 - 2　结构分阶

任何一个结构都可以进行分阶直至分笔成交，每一阶都是一个 abc 结构，只是该结构的大小不同。

（三）节点值的一般表达式：节点等式

综上所述，任何一个结构，无论其多么复杂，其结构拓延部分首先可以看作零阶，如果该零阶结构是完全迭代的，则可以通过迭代基数 1 来完成自身结构的迭代；如果受环境因素影响，发生了非完全迭代，则可以通过迭代基数 0.618 来完成自身（相对稳定）结构的迭代。

1. 节点等式

节点等式是关于迭代基数 0.618 的多项表达式的集合，其值表明了一个相对完成结构的结构系数。

节点值等式

$$\beta_i = \{K^{\alpha_i}\}$$

其中，K 为迭代基数，其值为 0.618，i 为阶值。

$$\alpha_i \in \{0, \pm 1, \pm 2, \pm 3, \cdots, \pm i\}$$

2. 节点值计算

节点等式的 i 阶展开式比较复杂，下面仅展开零阶、一阶、二阶的节点等式并进行计算。

（1）零阶：$i = 0 \Rightarrow \alpha_i = 0 \Rightarrow \beta_0 \in \{0.618^0\} \Rightarrow \beta_0 \in \{1\}$

即零阶节点值只有一个值1。

（2）一阶：$i = 1 \Rightarrow \alpha_i = \alpha_1 \in \{0, 1, -1\} \Rightarrow \beta_1 \in \{0.618^0, 0.618^1, 0.618^{-1},$
$0.618^0 \pm 0.618^0, 0.618^0 \pm 0.618^1, 0.618^0 \pm 0.618^{-1}\} \Rightarrow \beta_1 \in \{0.382, 0.618, 1,$
$1.618, 2, 2.618\}$

（3）二阶：$i = 2 \Rightarrow \alpha_i = \alpha_2 \in \{0, \pm 1, \pm 2\} \Rightarrow \alpha_2 \in \{0, 1, -1, 2, -2\} \Rightarrow \beta_2 \in$
$\{0.618^0, 0.618^1, 0.618^{-1}, 0.618^2, 0.618^{-2}, 0.618^0 \pm 0.618^0, 0.618^0 \pm 0.618^1,$
$0.618^0 \pm 0.618^{-1}, 0.618^0 \pm 0.618^2, 0.618^0 \pm 0.618^{-2}, 0.618^1 \pm 0.618^1, 0.618^1 \pm$
$0.618^{-1}, 0.618^1 \pm 0.618^2, 0.618^1 \pm 0.618^{-2}, 0.618^{-1} \pm 0.618^2, 0.618^{-1} \pm 0.618^{-2},$
$0.618^0 \pm 0.618^1 \pm 0.618^2, 0.618^0 \pm 0.618^1 \pm 0.618^1, 0.618^0 \pm 0.618^1 \pm 0.618^0,$
$0.618^0 \pm 0.618^1 \pm 0.618^{-1}, 0.618^0 \pm 0.618^1 \pm 0.618^{-2}, 0.618^0 \pm 0.618^0 \pm 0.618^2,$
$0.618^0 \pm 0.618^0 \pm 0.618^1, 0.618^0 \pm 0.618^0 \pm 0.618^0, 0.618^0 \pm 0.618^0 \pm 0.618^{-1},$
$0.618^0 \pm 0.618^0 \pm 0.618^{-2}, 0.618^0 \pm 0.618^{-1} \pm 0.618^2, 0.618^0 \pm 0.618^{-1} \pm$
$0.618^1, 0.618^0 \pm 0.618^{-1} \pm 0.618^0, 0.618^0 \pm 0.618^{-1} \pm 0.618^{-1}, 0.618^0 \pm$
$0.618^{-1} \pm 0.618^{-2}\} \Rightarrow \beta_2 \in \{0.236, 0.382, 0.618, 0.764, 1, 1.236, 1.382,$
$1.618, 2, 2.236, 2.382, 2.618, 3, 3.236, 3.618, 4.236, 4.618, 5.236\}$

注：因零及负数无实际意义，上述节点值集合中已将其去除。

一阶及二阶节点值计算层如图 6-3 及图 6-4 所示。

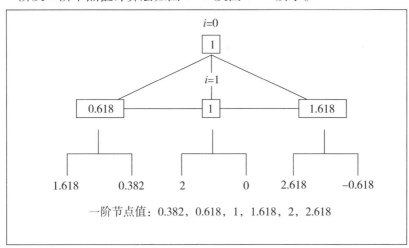

图6-3　一阶节点值计算层

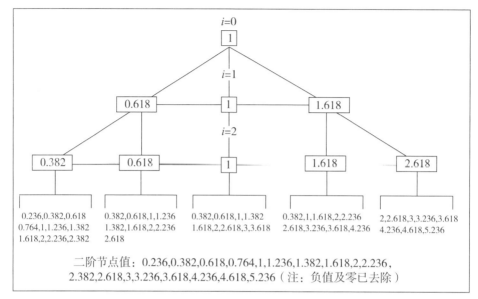

二阶节点值：0.236,0.382,0.618,0.764,1,1.236,1.382,1.618,2,2.236，
2.382,2.618,3,3.236,3.618,4.236,4.618,5.236（注：负值及零已去除）

图6-4 二阶节点值计算层

三阶及以上的节点值展开式冗长且节点值数量较多，这里不再列举。

3. 节点值应用集合

为表达各阶节点值的权重意义，在实际应用中将各阶节点值集合中含有的上阶节点值去除，得到各阶节点值应用集合。

（1）零阶节点值（也称基准节点值）：1。

（2）一阶节点值集合：$\beta \in \{0.382, 0.618, 1.618, 2, 2.618\}$。

（3）二阶节点值集合：$\beta \in \{0.236, 0.764, 1.236, 1.382, 2.236, 2.382, 3, 3.236, 3.618, 4.236, 4.618, 5.236\}$。

（四）节点值应用说明及其限制性

（1）各节点值遵循"零阶→一阶→二阶"的自高到低的顺序进行权重排序。

（2）节点值同时适用于价结构及量结构。

（3）本书给出了零阶、一阶、二阶节点值的应用集合，它们是实践分析中主要应用的节点值。

（4）三阶及其他低阶的节点值仍然存在于现实结构之中，只是因其引发的结构阻力相对较小而不被重视。为了避免节点值过多造成实践应用的困难，同时基于谨慎性原则，一般情况下将三阶及其他低阶节点值纳入"节点值阶值过低或不明确"的范围，不予采用。

（5）任何一个结构，由于无法构筑出受环境因素影响的综合模型以及无法预判环境因素，其量、价结构系数具体取值 β，理论上是无法准确预测的。还是那句话，"历史提供可能，现实进行选择"。

（五）几个重要的节点值讨论

1. 基准节点值 1

节点值 1，被称为基准节点值。一个完成的且其量或价结构系数等于基准节点值的结构被称为基准结构，包括基准价结构与基准量结构。基准结构的结构基础与结构拓延间的结构系数为 1，即

$$K_P = \beta_P = 1 \text{ 或 } K_V = \beta_V = 1$$

从节点值集合可以看到，基准节点值 1 是唯一一个同时在零阶、一阶等所有阶值节点值集合中出现的节点值。基准结构是相对完整（完美）的结构。基准结构是完全自我迭代的结果。自我迭代是包括结构在内的所有"存在"发展的本质要求，它体现了生存与发展间的逻辑。

基准节点值或基准结构更多地出现在较大型的结构中，其原因在于此类结构具有更大的（相对）资金量从而具有更加稳定的特性，畸变此类结构所需的资金量往往很大。与此相比，小型结构的结构能比要大很多，相应活性更大，更容易超越基准值或达不到基准值，形成非基准结构即一般节点值结构。

示例说明基准结构。

（1）片仔癀（600436）——反复确认的价格基准结构（复权截止时间：2021 年 11 月。数据来源：通达信）。

片仔癀 D_i 点的零结构如图 6-5 所示。

（2）五粮液（000858）——几乎完成的价格基准结构（复权截止时间：2021 年 11 月。数据来源：通达信）。

五粮液 D_i 点的零结构如图 6-6 所示。

2. 一阶节点值 0.618 与 1.618

0.618 或 1.618 是一阶节点值，它在权重上仅次于基准节点值。

图 6-5　片仔癀 D_i 点的零结构

图 6-6　五粮液 D_i 点的零结构

　　一阶节点值 0.618 或 1.618 可以看作基准节点值的"一阶分层值 0.618"或"一阶扩展值 1.618"。它反映了相对结构基础，结构拓延在完成结构过程中受到环境影响而产生相对于基准结构一阶弱或一阶强的畸变，同时表明不会产生无序或无逻辑畸变。

其中，0.618 表明环境变化对当前结构的形成产生了消极的影响，即相对当前趋势的利空。因此，0.618 节点结构一般会呈现出 c 浪的强度或速度（相对结构基础而言，单位成交量所形成的价格对数拓延高度）不足。而出现 1.618 节点结构的情况则与之相反。见下面实例图。

（1）腾讯控股（00700）——相对缓涨的 0.618 节点结构（复权截止时间：2021 年 11 月。数据来源：通达信）。

腾讯控股 D_1、D_2 点的零结构如图 6-7 所示。

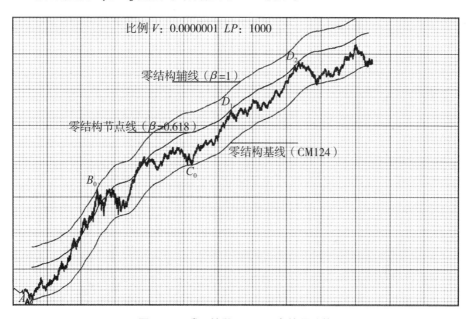

图 6-7　腾讯控股 D_1、D_2 点的零结构

（2）格力电器（000651）——相对缓涨的 0.618 节点结构（复权截止时间：2021 年 11 月。数据来源：通达信）。

格力电器 D_i 点的零结构如图 6-8 所示。

（3）五粮液（000858）——相对强涨的 1.618 节点结构（子 I 结构）。五粮液 D 点的子 I 结构如图 6-9 所示。

（4）山西汾酒（600809）——相对强涨的 1.618 节点结构（复权截止时间：2021 年 11 月。数据来源：通达信）。

山西汾酒 D 点的零结构如图 6-10 所示。

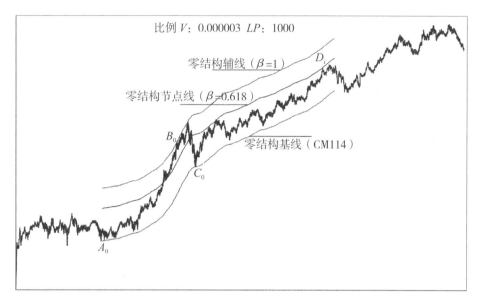

图 6 - 8　格力电器 D_i 点的零结构

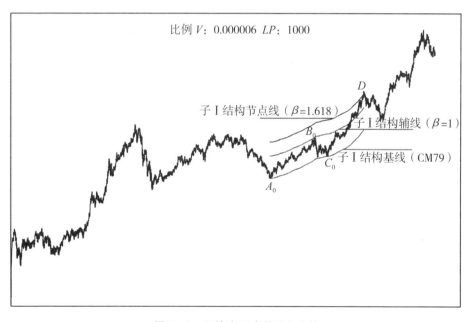

图 6 - 9　五粮液 D 点的子 I 结构

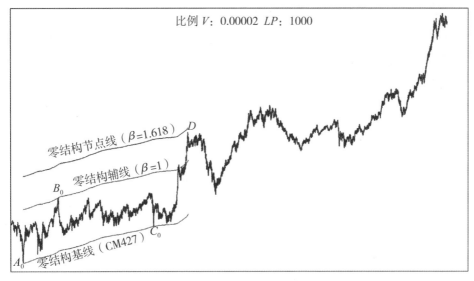

图 6 – 10 山西汾酒 D 点的零结构

与基准节点值相对应，0.618 或 1.618 等节点值更多地出现在中小型结构中，此类结构所含的相对资金量相对较小，环境变化更容易对其造成畸变影响。

其余的节点值与之原理一致，数值的不同表明外部环境影响对结构的有序影响性不同。

（六）节点值及其结构的适用性评价

无论是量节点结构还是价节点结构，理论上的阻力位置就是节点值的位置。实践操盘中，某个量价点在同时满足下列条件时就可以低风险地介入操作：①量、价结构系数达到或同时达到节点值；②该结构具有大型结构特征（高度值 $LCMd$、宽度值 V_{a+b}、相对资金量 LQ）；③价格出现了趋势受阻的止跌或止涨信号。

其中的"大型结构"是长线操作的参考，也就是说如果是短线操作，可以不考虑该条件。

另外，实践中能够"完美"地达到某个节点值的结构很难出现。这样在具体操作时就需要设置一个该结构的"可接受节点误差区间"（用 δ 表示）作为介入或止损的区域，该区间的大小可以由投资者决定。本书的建议：节点结构（量或价）的结构误差区间设置在 ±10% 之内。

最后，要强调的是，结构具体能够拓延到哪一个量或价的节点值，除与以上案例中结构拓延部分与结构基础部分的相对强弱有关外，还与结构基础本身的强度 CMB 值（$CMB = V_{a+b}/CM$）、环境变化的持续性等因素有关。关于节点值的具体取值，本书没有给出一个确切的计算模型，这是有待完善的问题之一。

第七章

量价结构分析及研判

至此，关于量价结构的技术基础理论已基本讨论完成。本章重点将在该理论的基础上，结合案例说明量价结构节点分析法在实盘中的具体应用准则。

在讨论应用准则之前，让我们先对量价结构理论及其分析过程做一个简单的总结。

一、量价结构基础理论及其分析过程

（一）量价结构基础理论

（1）证券量、价的波动是以结构的方式完成的。

（2）量价结构的运行满足量及价的结构表达式。

（3）当任一量价点试图破坏相对稳定的节点结构时，就会受到结构阻力。阻力的大小与该结构的大小以及节点值的阶值高低呈正相关关系。

（二）量价结构理论的分析过程

1. 绘制完成交易品种的全景量价图

对于股票来说，导出的不复权数据要进行量价（前）复权；对于期货来说，采用的各交易品种的综合指数数据不需要进行量价复权。

2. 在量价图中，确定拟分析点 D_i

D_i 点的确定是分析的前提，它是整个分析的原点。D_i 点的不同，其分析结果一定不同。D_i 点可以是量价图中的任何一点，无论是价格的历史高点、历史低点、中间点还是当前点。

3. 确定关于 D_i 点的各级量价结构

应用极点规则，确定 D_i 点总的结构域（极域）。在各级结构域中根据价格对数模式下结构高度 $LCMd$ 值的大小确定出该点的各级 CM 结构。

4. 节点结构分析，以研判 D_i 点的阻力情况

按照极道、零道、子 I 道等结构顺序，从量、价两个方面，依次分析 D_i 点与节点线的趋近关系以及节点值的阶值高低，以研判 D_i 点的当前趋势是否受到结构的阻力以及阻力的大小。

二、量价 CM 结构分析研判

（一）量价结构分析研判准则

量价结构理论对任一量价点阻力的研判准则：①量、价结构的节点化准则；②结构自我准则。

结构节点化准则包括两方面的内容：一方面是任何量价点都趋于完成自身节点结构的构建；另一方面是任何量价点在试图冲破节点结构时都会受到阻力，阻力的大小与结构变化的大小以及节点值的阶值高低呈正相关关系。

结构自我准则是结构节点化准则的延伸，其含义是指量价点的任何变化都会引发结构的变化，而结构的变化都会引发阻力，阻力的大小与结构变化的大小呈正相关关系。因此，结构自我准则实质上是广义化的结构节点化准则。

（二）结构分析研判的具体表现

在实际操作中，当任一量价点的量、价出现（不限于）以下情况时，认为将受到当前结构的阻力，并因此可能出现结构顶点/底点。

（1）极道：极道成交量结构系数 K_V 等于节点值 β_V 时；当极道的结构点发生变化时。

（2）零道：当零道的价格结构系数 K_P 或成交量结构系数 K_V 等于节点值 β_P 或 β_V 时。

（3）子道：当子道的价格结构系数 K_P 或成交量结构系数 K_V 等于节点值 β_P 或 β_V 时。

其中，量结构节点化与价结构节点化独立地对"结构的完成"起作用。当两者在同一结构中同时出现结构阻力时，结构表现出量、价阻力叠加的效应，从而该结构完成且出现结构点的可能性更大。不同级别的结构间的阻力效应均是如此。

分析中，量或价的结构阻力以极道→零道→子 I 道等顺序排列。即极道是首先分析的量结构，零道是首先分析的价结构；如果未出现极道量阻力或其节点阻力不明确时，则分析零结构的价及量结构节点阻力，并以此类推。但显然，当结构级别愈小时，当前点 D_i 的结构相应愈小，从而其阻力的强度或引发反弹效应也愈小。

（三）量价结构阻力的具体研判

如上所述，结构阻力可以依次划分为：极道阻力、零道阻力、子道阻力。其中，极道阻力包括极道量结构节点阻力与极道价结构点变化阻力；零道阻力包括零道量结构节点阻力与零道价结构节点阻力；子道阻力包括子道量结构节点阻力与子道价结构节点阻力。

（四）实例说明各种结构阻力

1. 极道量结构节点阻力

（1）极道量结构节点阻力的强度评估。

极道量结构节点阻力，从以下两个方面对阻力的强度进行评估。

一方面是极道成交量节点值的阶值级别评估：通过构筑任一点的极道，计算出该点的极道成交量结构系数 K_v 是否趋近于某个节点值，来判断该点是否受到极结构阻力，并根据阶值的级别评估其阻力强度。

$$K_v = 极道结构拓延成交量／极道结构基础成交量 = V_b／V_a$$

节点值阶值级别排序：基准→一阶→二阶。

另一方面是极道量宽评估：通过任一点已形成的极道量节点结构，统计该极道结构基础（a 浪）的量积累范围的大小，从而根据二者正相关关系评估其阻力强度。

（2）极道量结构节点阻力的应用案例。

案例之一：招商银行（600036）

图 7-1 为招商银行 D_i 点的极结构（价格对数模式），量价（前）复权，复权截止时间：2021 年 11 月，数据来源：通达信。

说明：

①以 D_i 点为分析点绘制极线并确定该点的极域（A 点至 D_i 点），垂直平移极线，可得具有极大值 $LCMd$ 的极结构零点 B。

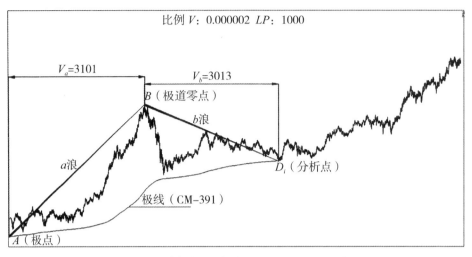

图 7-1 招商银行 D_i 点的极结构（价格对数模式）

②点 A、B、D_i 构成 D_i 点的极道。通过极道 a 浪与 b 浪的成交量可计算出该点的极道成交量结构系数，$K_V = V_b/V_a = 3013/3101 = 0.97$。

实际结构系数 0.97 可视作基准节点值 1，两者间的结构误差 $\delta_V = (0.97 - 1)/1 = -3\%$。

③阻力评估。

量节点结构：极道成交量结构系数近似等于基准节点值 1。

量积累：根据极点及零点坐标以及图中的成交量比例，可以大约计算出极道结构基础（a 浪）的量积累值（量前复权）$V_a = 3101/0.000002 = 15.5$（亿手）。

通过上面的计算与分析，可以认为 D_i 点完成了极道基准量结构的构建，且其结构基础的量积累值（即换手率）较大，因此可以合理判断该点当前的运行趋势会受到极道显著的结构阻力作用。

实际走势如图 7-1 所示，在 D_i 点出现了止跌反弹。当反弹突破图中 B 点价格水平时，意味着极道（A、B、D_i）成了新的零道的结构基础，并由此诞生了一个新的更大的结构。

案例之二：亚马逊

除上述案例中的极道基准量结构之外，一阶、二阶节点值仍广泛地存在于现实的量节点结构中。本实例选取 3 个实际存在的结构节点（D_1 点、D_2 点、D_3 点），通过计算其成交量结构系数来对此加以说明。

图 7-2 是亚马逊的量价图（价格对数模式），量价（前）复权，复权截止时间：2020 年 11 月，数据来源：通达信。

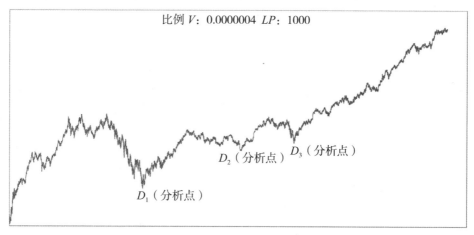

图 7-2　亚马逊量价图（价格对数模式）

①D_1 点的极结构（见图 7-3）：图中 A、B、D_1 点构筑了 D_1 点的极道。其中 a 浪（量域范围为 A 点至 B 点）为极道结构基础，b 浪（量域范围为 B 点至 D_1 点）为极道结构拓延。

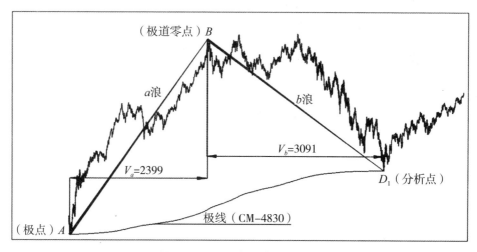

图 7-3　亚马逊 D_1 点的极结构

D_1 点极道成交量结构系数 $K_V = V_b/V_a = 3091/2399 = 1.288$，1.288 可近似看作二阶节点值 1.236。

实际结构系数与二阶节点值的结构误差 $\delta_V = （1.288 - 1.236）/1.236 \approx 4.2\%$。

②D_2 点的极结构（见图 7 - 4）：图中 A_2、B_2、D_2 点构筑了 D_2 点的极道。

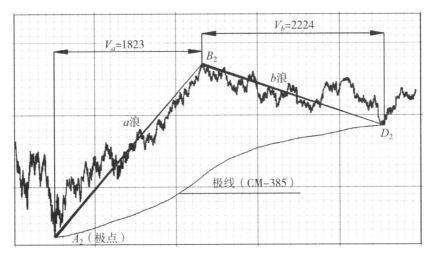

图 7 - 4　亚马逊 D_2 点的极结构

D_2 点极道成交量结构系数 $K_V = V_b/V_a = 2224/1823 \approx 1.220$，1.220 可近似看作二阶节点值 1.236。

实际结构系数与二阶节点值的结构误差 $\delta_V = （1.220 - 1.236）/1.236 \approx -1.3\%$。

③D_3 点的极结构（见图 7 - 5）：图中 A_3、B_3、D_3 点构筑了 D_3 点的极道。

图 7 - 5　亚马逊 D_3 点的极结构

D_3 点极道成交量结构系数 $K_v = V_b / V_a = 4390 / 1823 \approx 2.408$，2.408 可近似看作二阶节点值2.382。

实际值与节点值的结构误差 $\delta_v = (2.408 - 2.382) / 2.382 \approx 1.1\%$。

（3）极道量结构节点阻力的评价及其限制性。

对于任一分析点，均可以绘制出该点的极道图。由于极道中价格结构系数永远等于1，因此极道的应用仅限于量结构节点阻力分析，即通过对成交量结构系数进行测算，如果该值在重要的节点值附近时出现趋势受阻现象，则可合理判断该点受到极道量结构显著的节点阻力，并可能会形成一个重要的结构节点。在实践中，当极道结构基础部分的量积累值为所有结构中最大时，则它会成为最具影响力的量结构，此时的极道量结构是最重要的量分析结构；但同时，很多量价点的极道结构基础的量积累值很小甚至为零，或者其节点值的阶值很低，无法利用其进行可置信的、有效的节点分析，此种情况被称为"量结构节点特征不明确"，此时认为该量价点不会受到极道显著的量节点阻力。

2. 极道结构点变化阻力

极道结构点变化阻力，指当前点的变化，导致极道结构本身发生变化而引发的结构阻力。

极道结构点，指构成极道的极点、零点及当前点。

（1）极道其他结构点不变，仅当前点发生变化（见图7-6）。

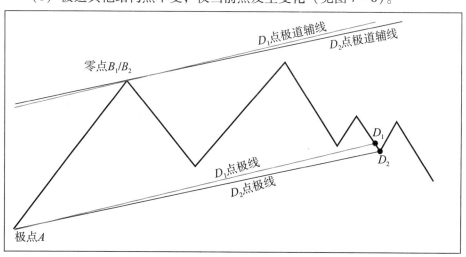

图7-6 极道其他结构点不变，仅当前点发生变化

图7-6中的当前点 D_1 与 D_2 相比，两点的极点同为极点 A，各自的零点 B_1 与 B_2 重合。两者极结构的不同之处为各自的结构极域不同。

这是最常见的极道变化形式。当前点的变化引发的结构变化仅在于极域的微小变化，即使是微小变化也是结构的变化，也可引发对应结构的阻力作用，但在这种情况下极道的微小变化引发的结构阻力作用也很微小。

在实践中，如果仅表现为当前点的变化，一般不计入极结构阻力。

（2）极点未变化，当前点变化引发极道零点的变化（见图7-7）。

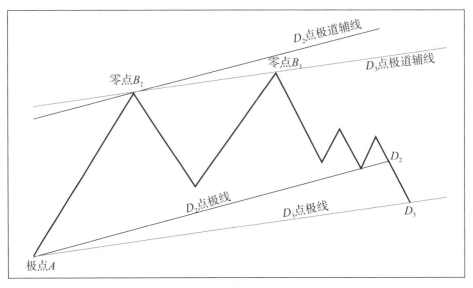

图7-7 极点未变化，当前点变化引发极道零点变化

图7-7中，当前点 D_2 变化至 D_3 时，各自极道对应的极点没有变化，但零点从 B_2 变成了 B_3。这种变化对结构的影响是显著的：前零点（B_2）与后零点（B_3）的不连续直接导致了极道的结构基础以及结构拓延量域的显著变化，因此其引发的结构阻力作用也是显著的，其阻力的大小一般与结构的变化程度呈正相关关系。

（3）当前点的变化引发极点变化（见图7-8）。

图7-8中，D_1 点的极点为 A_1，D_2 点的极点为 A_2。当前点从 D_1 点变化至 D_2 点，极点从 A_1 变为 A_2，此情况下极点发生了变化。

极点的不同，对结构变化的影响同样是显著的：一是由于极点 A_1 与 A_2 是不连续的，造成当前点的极域（结构域）发生了显著变化；二是在常见情况下，

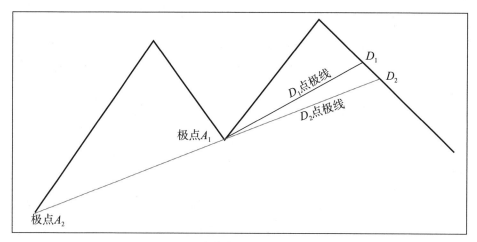

图7-8 当前点变化引发极点变化

其对应的结构零点也可能发生变化。因此上述对极道的显著改变会引发显著的极道阻力作用。同样，其阻力的大小与相关结构改变的程度呈正相关关系。

（4）极道极点变化阻力案例。

①腾讯控股，数据起止时间：上市至2021年11月，量价（前）复权。

在腾讯控股量价图（价格对数模式）（见图7-9）中，D_1 点的极点为 A，D_2 点的极点为 D_1，D_3 点的极点为 D_2，其极线为同一条CM线（CM-124）。

D_2 点如果继续下行，其极点将从点 D_1 变换为点 A，其结构域将从 D_2 点

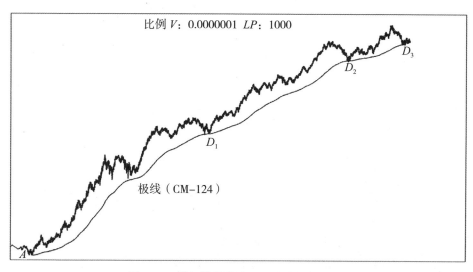

图7-9 腾讯控股量价图（价格对数模式）

至 D_1 点变换为 D_1 点至 A 点；同样的，D_3 点如果继续下行，其极点将从 D_2 点变换为 A 点，其结构域将从 D_3 点至 D_2 点变换为 D_2 点至 A 点。

该股的实际走势如图 7 – 9 所示，表明量价点 D_2、D_3 在试图改变其结构极点时，均受到结构阻力。

②亚马逊，数据起止时间：上市至 2021 年 11 月，量价（前）复权。

在亚马逊量价图（价格对数模式）（见图 7 – 10）中，D_1 点的极点为 A，D_2 点的极点为 D_1，D_3 点的极点为 D_2，D_4 点的极点为 D_3，D_5 点的极点为 D_4，其极线为同一条 CM 线（CM – 63）。

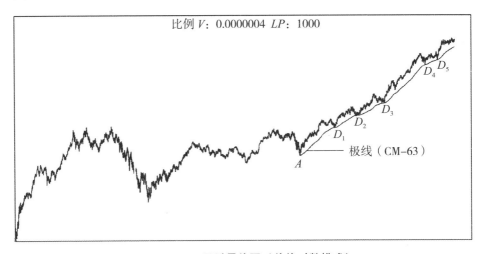

图 7 – 10 亚马逊量价图（价格对数模式）

本案例同样显示了当量价点试图改变它的结构极点时，会受到结构阻力。

3. 零道量及价结构节点阻力

（1）零道量结构节点阻力。

零道量结构节点阻力，指当零道成交量结构系数达到节点值时，量价点所受到的相应结构阻力。

零道量结构节点阻力主要应用于（但不限于）以下情况：①极道量节点结构不存在或不明确时；②零道量节点结构独立地应用于零道的结构研判。

（2）零道价结构节点阻力。

零道价结构节点阻力，指当零道价格结构系数达到节点值时，量价点所受到的相应价结构阻力。

由于具有最大可分析结构高度（$LCMd$）值，零价结构是所有级别的价格结构中最重要的价结构。在实践中对价格的分析一般情况下首先是对零道价结构的分析，其次才对子道价结构进行分析。

（3）零道价及量结构节点阻力案例。

案例之一：五粮液（000858）

说明：

①图7－11为五粮液 D_i 点的零结构（价格对数模式），复权方式为量价（前）复权。

②图7－11中，以近期高点 D_i（353.77元/股，2021年2月28日）为分析点进行零结构分析。图中的 A_0、B_0、C_0、D_i 构成 D_i 点的零结构，零结构基线与辅线构成 D_i 点的零道。

③零道节点阻力分析。

价格结构节点阻力：图7－11中可以看到 D_i 点的价格位置已接近该点零结构辅线，该点的价格结构系数已趋近于基准节点值1。

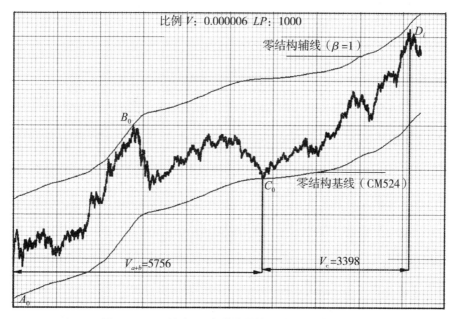

图7－11　五粮液 D_i 点的零结构（价格对数模式）

成交量结构节点阻力：根据图7－11中零结构各结构点的成交量坐标，可以计算零道成交量结构系数，$K_V = V_c/V_{a+b} = 3398/5756 \approx 0.590$，0.590 可似看作一阶节点值0.618。实际结构系数与一阶节点值的结构误差 $\delta_V =$

$（0.590 - 0.618）/0.618 \approx -4.5\%$。

即 D_i 点的零道成交量结构系数已接近一阶节点值 0.618。

零道节点阻力分析及结论：通过以上计算，D_i 点或其附近将受到零结构基准价阻力以及一阶量阻力，且量与价的结构阻力进行了叠加；同时零道的结构基础无论在量宽还是在价高方面都相对较大，其对应的结构节点阻力同样较大。因此可合理判断 D_i 点或其附近将受到零结构显著的阻力作用，并进入筑顶及调整阶段。

案例之二：片仔癀（600436）

说明：

①图7-12为片仔癀 D_i 点的零结构（价格对数模式），数据起止时间为2003年6月至2021年11月。

②以图中的高点 D_i（491.88元/股，2021年7月21日）为分析点进行零结构分析。图中的 A_0、B_0、C_0、D_i 构成 D_i 点的零结构，零结构基线与辅线构成 D_i 点的零道。

③零道节点阻力分析。

图7-12 片仔癀 D_i 点的零结构（价格对数模式）

价格结构节点阻力：D_i 点的价格位置已达到该点零结构辅线，该点的价格结构系数已等于基准节点值1。

成交量结构节点阻力：根据各结构点成交量坐标可以计算成交量结构系数，$K_V = V_c/V_{a+b} = 2530/4177 \approx 0.606$，0.606可近似看作一阶节点值0.618。实际结构系数与一阶节点值的结构误差$\delta_V = (0.606 - 0.618)/0.618 \approx -1.9\%$。

零道节点阻力分析及结论：通过以上计算，D_i点的价格结构系数已达到基准节点值1，成交量结构系数趋近于一阶节点值0.618，D_i点的上涨趋势将同时受到零结构的基准价阻力与一阶量阻力。因此可以合理判断零结构已完成构建，D_i点或其附近将成为结构顶点。

4. 子道量及价结构节点阻力

子道量及价结构节点阻力，指当量价点到达子道的成交量或价格节点值时，所受到的相应子道的结构阻力。

子道是零道的结构拓延部分衍生的abc结构，按结构等级依次划分为子Ⅰ道（零道衍生）、子Ⅱ道（子Ⅰ道衍生）等。各子道的结构节点阻力同样分为价结构节点阻力以及量结构节点阻力。

子道结构节点的阻力分析主要应用于（但不限于）以下情况：①上级母结构节点阻力阶值较低或母结构阻力不明确时；②子道阻力独立地应用于子道结构研判。

应用子道结构节点阻力分析时要注意以下4个方面。

①由于子道的结构规模（价高值$LCMd$及量宽值V_{a+b}）相对较小，随着子道级别的降低其值越小，因此子道引发的节点阻力也越小，且子结构完成构建后可预见的调整幅度（逆向波动）也相应较小。在实践中，子结构更多地出现在母结构的中间波动过程中，因此其分析更多是出于短线操作的需要。

②子道的结构能比值往往较大，其反映出结构的活性水平较高，但结构能比增大会导致结构的节点误差增大以及出现更多的低阶节点结构。

③当某个量价点同时产生极道结构节点阻力与零道结构节点阻力时，阻力可以叠加；子道也是一样，它可以叠加母结构的节点阻力，即可以佐证母结构节点结构阻力的有效性。

④在某些情况下，当母结构的节点阻力的阶值较低或不明确而子道结构节点阻力明确且阶值较高时，子结构的节点阻力也可能引发超过本身结构级别的逆向调整并引发反转。

关于子道阻力分析的案例，上文已涉及较多，这里不再举例。

（五）量价结构节点阻力分析主方案

结构节点阻力的分析不仅包括量、价两个方面，还包括极结构、零结构等不同级别，阻力的大小还与结构的大小以及节点阶值有关。简而言之，阻力因素的复杂性导致其在实践中应用时存在很多不确定性。为此，本书提出以下主分析方案。

（1）极结构：成交量结构节点分析，节点值范围为零阶、一阶、二阶。

（2）零结构：量、价结构节点分析，节点值范围为零阶、一阶、二阶。

（3）子结构：量、价结构节点分析，节点值范围为零阶、一阶。

（4）仅当上一级量、价节点结构不明确或其节点阶值较高时，进入下一级结构的量、价结构分析。

除上述主分析之外，其余的阻力分析均作为附加分析，以叠加阻力的方式参与评估。

第八章
极系及其结构

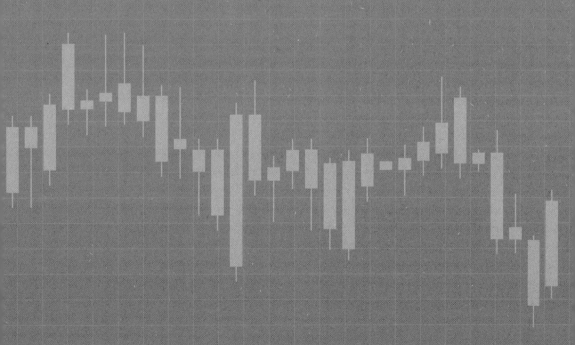

一、极系的概念

极系，指相对于极线的量、价系统，其本质是结构化的量价体系。极系理论包括极系量价图的绘制及极系结构的分析理论。

极系与直系的区别是极系将极线作为极化的基准，将直系价格转换为极系价格，将直系成交量转换为极系成交量，并以此绘制极系量价图。极系价格以及极系成交量只能在极域内存在，其存在的前提是确定拟分析点及其极线，因此极系量价图本质上是结构化的量价图。除此之外，极系理论与分析方法同直系一致，包括结构的形成与节点分析。

极系价格：以极线为价格基线所形成的相对价格。

极系成交量：以极线为成交量基线所形成的相对成交量。

极系量价图：极系价格与极系成交量构成的二维量价图。

极系结构：极系下按量价理论的结构生成规则形成的结构，包括前文讨论过的所有结构。

本书将以 0 为基准的价格系统称为直系价格系统，直系价格系统是目前市场通用的价格系统。直系下，价格一旦形成，就不会改变，因此直系价格系统是一种绝对的、静态的价格系统；前文所有的价格数据均为直系价格，其相应的结构分析及结论也是直系下的分析方法及结论。同样，本书将与成交量水平轴上对应的成交量值称为直系成交量，其一旦形成就不会改变，因此直系成交量也是一种绝对的、静态的成交量；前文所有的成交量数据均为直系成交量。

极系价格改变了以 0 为基准的自然定位价格的方法，通过直系价格的极化将直系中的静态价格转为动态价格，其原因在于极线的动态化特征；同样地，通过成交量的极化将原本静态的直系成交量转为动态的极系成交量。简而言之，在极系中，极域里原有量价点的坐标被完全相对化与动态化。

极系的通俗定义：以自我角度观察形成的外部系统。

二、极系价格与极系成交量

（一）极系价格转换公式

极系价格指以极线为价格基准所形成的相对价格。

为了区别直系价格 P，极系价格用 JP 表示。极系价格同样存在价格绝对值与价格对数两种模式，其中绝对值模式的极系价格用 JP 表示，对数模式的极系价格用 JLP 表示。

设分析点为 D，其极点为 J，极域内任一量价点 D_i 的直系价格为 P_i，其垂直对应的极线点为 $D_i{}'$，$D_i{}'$ 点的直系价格为 $P_i{}'$，则有 D_i 点的极系价格转换公式

$$JP_i = P_i / P_i{}'$$

$$JLP_i = \ln(JP_i)$$

（二）极系成交量

1. 极系成交量

极系成交量指以极线为成交量计量基准所形成的相对成交量。

直系下的成交量被称为成交量（V），采用绝对值模式；极系下的成交量被称为极系成交量（JV），采用绝对值模式。在直系量价图上，某一点的成交量的坐标值指量价点向水平轴（成交量轴）进行投影获得的成交量（水平长度）值；极系成交量表现为量价点向极线进行垂直投影所获得的成交量（极线长度）值，其值表现为曲线（极线）的长度值，因此其值一定大于（极线非水平时）或等于（极线水平时）直系成交量。直系成交量与极系成交量如图 8 - 1 所示。

图 8 - 1 中 D 点为拟分析点，J 点为 D 点的极点，结构内任一点 D_i 的直系成交量与极系成交量的计量基础分别为水平轴与极线（轴）。

2. 极系成交量的转换公式

设分析点为 D，其极点为 J，极道零点为 Z_J；极域内任一量价点为 D_i，其相邻的上一量价点为 D_{i-1}；点 D_i、点 D_{i-1}、点 Z_J 在极线上的垂直对应点为 $D_i{}'$、$D_{i-1}{}'$、$Z_J{}'$；各点对应的直系量、价坐标分别为 D（V_D，P_D）、J（V_J，P_J）、Z_J（V_{Z_J}，P_{Z_J}）、D_i（V_i，P_i）、D_{i-1}（V_{i-1}，P_{i-1}）。

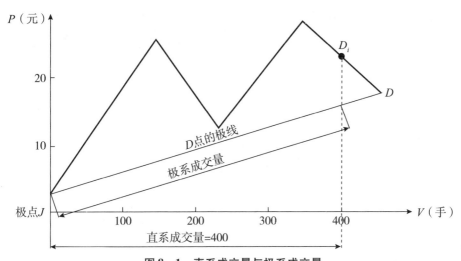

图8-1 直系成交量与极系成交量

则有 D_i 点的极系成交量转换公式

$$JV_i = JV_{i-1} + \Delta JV$$

其中，JV_i 指 D_i 点的极系成交量值，JV_{i-1} 指 D_{i-1} 点的极系成交量值，ΔJV_i 由 $\Delta JV = \Delta V \times [1 + \theta_D \times (LP_i - LP_i') / LCMd]$ 计算得出。式中，$\Delta V = V_i - V_{i-1}$，极道高度 $LCMd = LPZ_J - LPZ_J'$，$\theta_D = (LP_D - LP_J) / LCMd$，$\theta_D$ 指 D 点的极化率。

极系成交量计算如图8-2所示。

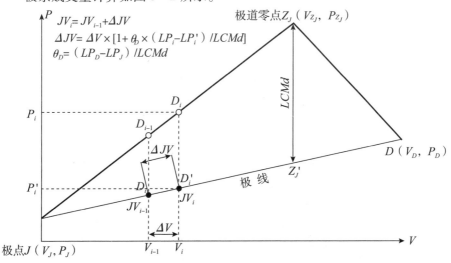

图8-2 极系成交量计算

3. 关于极系量、价转换及公式的说明

（1）极系成交量在图形上表现为曲线长度，因此它一定不小于其对应的直系成交量。

（2）当极线为平线时，即分析点 D 为极域内极值点时，极化率为 0，极系成交量与直系成交量一致；同时各量价点的极系价格与直系价格的比值相等，这种情况下可以将直系坐标视为极系坐标。

（3）极系成交量与直系成交量的差值可以理解为拟分析点的价格被极化所引发的极系价格与直系价格的差值所导致的结果。

（4）要特别说明的是，本书提供的极系成交量转换公式为原理性质的数学表达式（根据极系原理提出的解决方案之一），因公式中涉及价格与成交量间的转换，而两者非同一维度或属性。因此关于该转换公式，不排除其数学表达式存在偏差的可能。

三、极系量价图

极系量价图是由极系价格与极系成交量形成的二维直角坐标量价图，它由直系量价图通过量与价的极化转换而来。绘制极系量价图是为了对拟分析点 D_i 进行极系下的量、价结构节点分析，进而对该点的极系阻力进行合理评估。

绘制极系量价图的具体过程：在直系价格绝对值模式量价图的基础上，对任一拟分析点 D_i，绘制其极线，然后在极域内将各量价点的直系价格（纵坐标）与直系成交量（横坐标）分别由各自的极化公式转化为极系价格与极系成交量，连接各点成为 D_i 点的极系量价图。下面以三一重工（600031）为例说明极系量价图的绘制过程。

1. 周 K 线图（见图 8-3）

数据起止时间：2003 年至 2018 年，数据来源：文华财经。

2. 直系量价图（价格绝对值模式）（见图 8-4）

量价（前）复权，复权截止时间：2021 年 11 月。

3. 绘制分析点 D 的极系量价图

绘制 D 点的极线→确定 D 点的极域（结构域）→在极域范围内，将所有量价点的成交量及价格数据，根据以上极系量、价转换公式进行极系转换计算→绘制极系量价图。

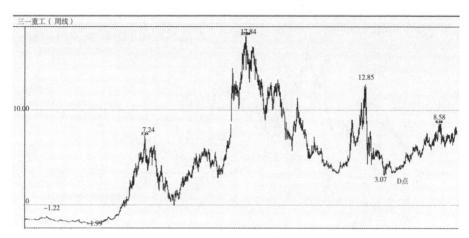

图 8-3　三一重工周 K 线图（价格绝对值模式）

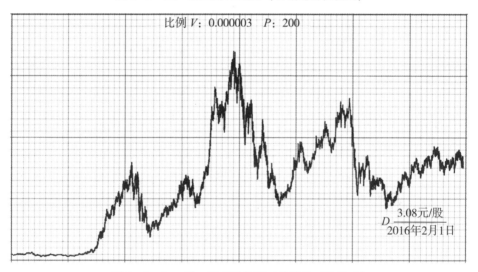

图 8-4　三一重工直系量价图（价格绝对值模式）

图 8-5 是三一重工 D 点的直系量价图（上）与极系量价图（下）（价格绝对值模式）。

说明：

①案例各量价点的极系坐标转换是在 CAD 软件中以半手工的方式进行的，由于工具软件功能限制，无法给出每一个量价点的转换值。因此在绘制极系量价图时，除重要的节点进行手工精确绘制外，均采用 P_d^- 值代替 P_i 值的方法进行拟代绘制，以减少计算量。除非特别说明，本书所有极系量价图均采用此方式。

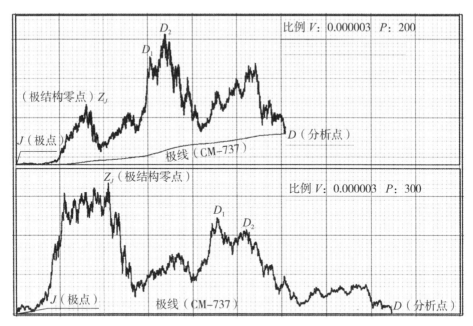

图 8 – 5　三一重工 D 点的直系量价图（上）与极系量价图（下）（价格绝对值模式）

②极系量价图是一个动态且相对化的量价图，对不同的拟分析点，其极线/极域是不同的，因此极系量价图也随之改变；且当各点的极化率 $\left[\theta_D = (LP_D - LP_J)/LCMd\right]$ 越大时，极系量价图相对直系量价图的畸变也越大。但当分析点的极化率等于 0 时，极系量价图与直系量价图的形态相同。

③对比 D 点在直系与极系下的量价图，至少可以发现以下几个特点：一是在横轴的同等比例下极系图显示的量域范围更大，这种量域的扩大对于各点来说是非均匀的；二是两种图的价格直观效果发生了改变，即在直系中显示的极值点在极系中未必显示为极值点（见图 8 – 5 中的 Z_J、D_1、D_2 点对比）；三是极系图的分析点与其极点的价格永远相等且等于 1，其结构极线永远为一水平线。

④直系量价图绘制转换为极系量价图时，可以根据直观需要进行价格的比例缩放，以期达到合适的效果。

4. 价格对数模式下的极系量价图

直系下的结构节点阻力分析，更多时候是在价格对数模式量价图中进行的，因其直观效果更好，分析也更简便。相同的原因，极系下的结构节点阻力分析主要也是在极系的价格对数模式量价图中进行的。因此在绘制完成极系价格绝对值模式量价图后，将价格进行对数转换，绘制极系价格对数模式量价图。

图 8 – 6 是图 8 – 5 的价格对数转换图。

图 8 – 6　三一重工 D 点的直系量价图（上）与极系量价图（下）（价格对数模式）

四、极系结构

（一）极系结构

极系结构指量、价经极系转换后极域内的量价结构。

极系采用与直系完全相同的技术分析方法，因此极系结构的分类与直系结构一致，即极系结构根据结构点的不同分为极结构（ab 结构）与标准结构（abc 结构）；根据结构的级别分为极结构（极道）、零结构（零道）、子结构（子道）等。

（二）极系结构的分析方法

极系结构同样采用直系下量、价结构的分析研判准则，即遵循下列分析准则：①量、价结构的节点化准则；②结构自我准则。

同样将极系结构阻力具体划分为极道阻力、零道阻力、子道阻力。

图 8-7 为三一重工 D 点的极系零结构（价格对数模式）。图 8-7 中构建了分析点 D 的零结构，可以看到 D 点已经到达了零结构辅线位置，表明该点将受到极系零结构的基准价阻力并可能引发反弹。（注：极系量价图相比于直系量价图，各量价点的成交量坐标值与价格坐标值发生了变化，也就是极化，因此在对极系量价图进行结构节点阻力分析时，其 CM 线计算的基础数据区间成本 P_d^- 值要重新计算）。

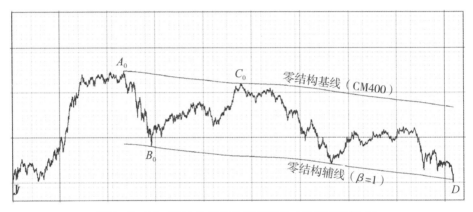

图 8-7 三一重工 D 点的极系零结构（价格对数模式）

五、极系与直系的对比及评价

（一）直系与极系的关系

极系是直系极化或结构化的结果。直系是极化率等于 0 时的极系。

两者间的区别可以表述为：直系是一种本身的存在，具有不变的绝对性质；而极系则是带有主观倾向性的相对的存在，具有相对与动态的性质。一方面，如果认为直系是原本的存在方式，那么极系就是对直系偏差性或方向性的反映，偏差的大小与分析点受环境的压制程度（极化率）呈正相关关系；另一方面，如果认为极系是原本的存在方式，那么直系就是极化率为零时极系的一种特殊存在方式，直系仅仅是为了避免状态的复杂化而创设出来的虚拟系统。

那么在实践中，最终是采用直系还是极系对证券走势进行结构分析与研判呢？

直系与极系在分析同一个量价点的结构节点阻力时，很多时候的结果是一致的，即当分析点在直系的极域内为极值价格点时。这种情况下分析点的极线为平线，分析点的极化率为0，按照成交量的极系转换公式，极系成交量与直系成交量等值；极系价格经过极系转化后与直系价格不同，但这两者的不同是系统性的，且呈现出同方向、同比例的性质，这种不同体现在极域内所有的量价点上，因此极系价格坐标轴可以作为直系价格坐标轴的比例缩放来看待，而价格的比例缩放并不会对结构分析的结果产生任何误差。

当极线并非水平时，直系与极系的分析结果一定是不同的，其差异的大小与分析点的极化率呈正相关关系。在实践中，当采用非计算机程序进行极系节点分析时，由于极化过程很麻烦，所以当极化率在0.2之内时，可以考虑采用直系分析来代替极系分析。

与"极线水平时"相关的案例在前文已列举过很多，这是不再举例；下面通过一些典型案例对"极线并非水平时"直系与极系的结构节点阻力分析结果进行比较。

（二）直系与极系结构分析的案例对比

下面在价格结构（零道与子Ⅰ道）和成交量结构（极道）两个方面分别对直系与极系进行案例的分析对比。

1. 价格结构对比

案例之一：亚马逊

亚马逊量价图（价格对数模式）如图8-8所示，数据截止于2021年11月。图8-8中选定3个极化率不等于0的点D_1、D_2、D_3，分别对其进行直系与极系的结构分析。

（1）D_1点，极化率为0.38。

亚马逊D_1点的直系价格结构（上）与极系价格结构（下）（价格对数模式）如图8-9所示（注：极系图进行了比例缩放，以增加与直系图对比的直观效果，下同）。

对比两张结构图，可以得出以下结果。

①零道对比：直系价格结构系数为3，极系价格结构系数为2.618。

②子Ⅰ道对比：直系价格结构系数为1，极系价格结构系数为1。

其中，节点值3为二阶节点值，节点值2.618为一阶节点值。

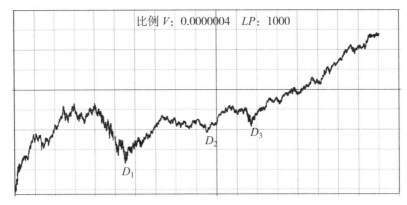

图 8 - 8   亚马逊量价图（价格对数模式）

结论：结构点 D_1 在极系下的零结构中表现出更高的节点阶值。

（2） D_2 点，极化率为 0.99。

亚马逊 D_2 点的直系价格结构（上）与极系价格结构（下）（价格对数模式）如图 8 - 10 所示。

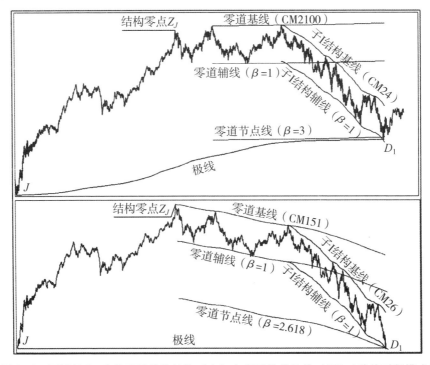

图 8 - 9   亚马逊 D_1 点的直系价格结构（上）与极系价格结构（下）（价格对数模式）

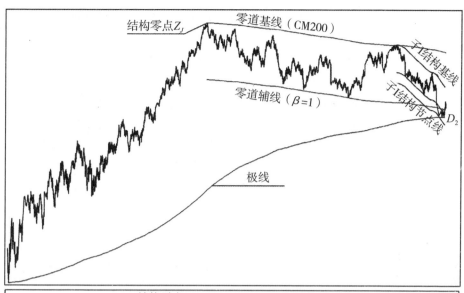

图8-10 亚马逊D_2点的直系价格结构（上）与极系价格结构（下）（价格对数模式）

对比两张结构图，可以得出以下结果。

①零道对比：直系价格结构系数约等于1，极系价格结构系数约等于1。

②子Ⅰ道对比：直系价格结构系数为1.382，极系价格结构系数为1.236。其中，节点值1.382为二阶节点值，节点值1.236为二阶节点值。

③结构误差对比。

经计算，直系零道结构的价格结构误差$\delta_P = 12.8\%$。极系零道结构的价格结构误差$\delta_P = -3.1\%$。

结论：结构点 D_2 在极系下的零道结构中表现出更小价格结构误差。

（3）D_3 点，极化率为 1.26。

亚马逊 D_3 点的直系价格结构（上）与极系价格结构（下）（价格对数模式）如图 8-11 所示。

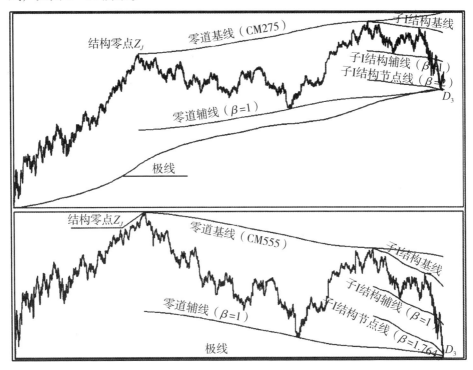

图 8-11 亚马逊 D_3 点的直系价格结构（上）与极系价格结构（下）（价格对数模式）

对比两张结构图，可以得到以下结果。

①零道对比：直系价格结构系数等于 1，极系价格结构系数等于 1。

②子 I 道对比：直系价格结构系数为 2，极系价格结构系数为 1.764。

其中节点值 2 为一阶节点值，节点值 1.764 为三阶节点值。

结论：结构点 D_3 在直系与极系下的零道价格结构中均表现为基准结构，且其结构误差相近；在子 I 结构中直系表现为一阶价结构而极系表现为三阶价结构。

案例之二：贵州茅台

图 8-12 为贵州茅台量价图（价格对数模式），数据截止于 2021 年 11 月。图 8-12 中选定一个重要的结构点 D（极化率为 1.53），分别对直系与极

系的价格结构进行节点分析并对比，贵州茅台 D 点的直系价格结构（上）与极系价格结构（下）（价格对数模式）如图 8-13 所示。

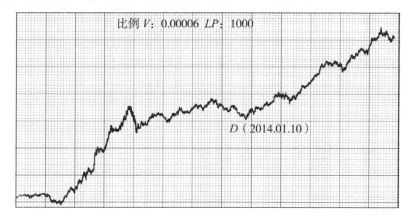

图 8-12 贵州茅台量价图（价格对数模式）

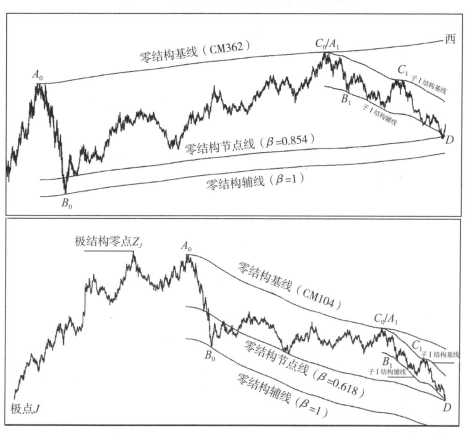

图 8-13 贵州茅台 D 点的直系价格结构（上）与极系价格结构（下）（价格对数模式）

对比两张结构图，可以得到以下结果。

①零道对比：直系价格结构系数为 0.854，极系价格结构系数为 0.618。

②子Ⅰ道对比：直系价格结构系数约为 1，极系价格结构系数为 1。

其中，节点值 0.854 为三阶节点值，节点值 0.618 为一阶节点值。

结论：结构点 D 在极系下的零道价格结构中表现为更高的结构阶值，同时在直系和极系下的子Ⅰ道价格结构中均表现为基准结构。

2. 成交量结构对比

案例之一：贵州茅台

贵州茅台 D 点的直系极道量结构（上）与极系极道量结构（下）如图 8-14 所示，D 点的选择与图 8-12 相同。

图 8-14 贵州茅台 D 点的直系极道量结构（上）与极系极道量结构（下）

①成交量结构系数计算。

从图 8-14 中标注的成交量数据，可以计算直系与极系下的极结构成交量结构系数。

　　直系：$K_v = 4564/1705 \approx 2.677$。

　　极系：$K_v = 4649/1755 \approx 2.649$。

　　②成交量结构误差计算。

　　上述两个结构系数均在一阶节点值 2.618 附近，各自对应的结构误差计算如下。

　　直系（一阶）：$\delta_v = (2.677 - 2.618)/2.618 \approx 2.25\%$。

　　极系（一阶）：$\delta_v = (2.649 - 2.618)/2.618 \approx 1.18\%$。

　　③结论：结构点 D 在极系下的极道量结构表现出更小的结构误差。

　　案例之二：AUL9 黄金指数

　　图 8 – 15 为黄金指数量价图（价格对数模式），数据起止为 2008 年至 2021 年。图 8 – 15 中选定一个极化率不等于 0 的结构点 D，对其进行直系与极系的极结构成交量节点分析。

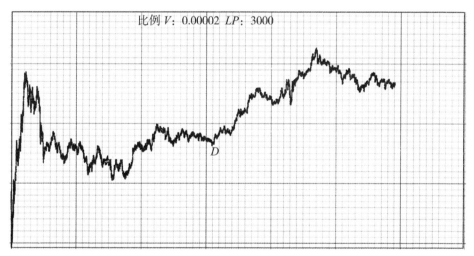

比例 V: 0.00002　LP: 3000

图 8 – 15　黄金指数量价图（价格对数模式）

　　D 点的极化率为 0.81。图 8 – 16 为黄金指数 D 点的直系极道量结构（上）与极系极道量结构（下）。

　　①成交量结构系数计算。

　　从图 8 – 16 中标注的成交量数据，可以计算出 D 点在直系与极系下的极道成交量结构系数。

　　直系：$K_v = 1185/664 \approx 1.785$。

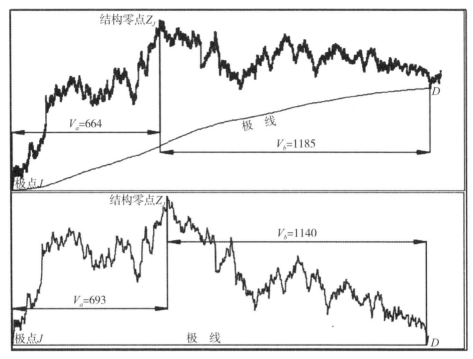

图 8 - 16 黄金指数 D 点的直系极道量结构（上）与极系极道量结构（下）

极系：$K_V = 1140/693 \approx 1.645$。

②成交量结构误差计算。

直系极道成交量结构系数在三阶节点值 1.764 附近，极系极道成交量结构系数在一阶节点值 1.618 附近，各自对应的结构误差计算如下。

直系（三阶）：$\delta_V = (1.785 - 1.764)/1.764 \approx 1.19\%$。

极系（一阶）：$\delta_V = (1.645 - 1.618)/1.618 \approx 1.67\%$。

③结论：结构点 D 在极系下的极道量结构表现出更高的节点阶值。

（三）直系与极系的综合评价

（1）直系结构分析在大多情况下可以合理解释结构点 D 的受阻原因及强度，因此直系结构分析法可以应用于证券的技术分析。

（2）极系结构分析在大多情况下可合理解释结构点 D 的受阻原因及强度，因此极系结构分析法同样可以应用于证券的技术分析。

（3）当量价点极化率在 0.2 以下时，两者的分析结果几乎一致。

（4）相对于极系，直系具有分析过程简单、更容易理解的特点。

（5）相对于直系，极系的结构分析在以下 3 个方面更具有优越性：一是消除了负型零结构（零结构基线为负值），从而使结构趋势与当前趋势一致；二是在大多情况下表现出了更高的节点阶值及节点值精度，从而使判断结构 D 点的可信度增加；三是极系相对性与动态化的特征更倾向于接近事物真实的存在方式。

（6）无论是直系还是极系，基于节点阶值级别的限制，在实践中都无法解释所有的结构节点。

本书最终认为直系只是极系的特殊表现方式，因此建议采用极系结构分析法对相关证券进行量价结构的节点阻力分析。

六、实盘操作中的几个说明

（一）调整

调整是一个已完成的结构受到结构阻力作用而产生的反向波动。

调整是一个相对性的概念，对调整的理解包括以下两个方面：一是调整的幅度，所有的调整源于结构阻力，因此一般情况下调整幅度的大小将与结构阻力的大小相匹配，无论是价结构还是量结构均是如此；二是价格调整的方向，价格调整是向着受阻结构的结构基线方向产生的波动，由于结构基线在大多情况下并不是水平的，所以调整的最终结果不一定只是价格的变小或变大。

（二）主控结构

主控结构单指价格的主控结构。

本书对结构级别进行了分类，从大到小分为零道、子 I 道、子 II 道等。一个大型的复杂结构往往可以分解出多个子结构，这在短线的实盘操作中尤为常见。同时分析多个不同级别的价格结构会带来以下问题：一是分析工作量很大；二是面对众多的结构节点阻力，判断依据可能无法确定。为了解决上述问题，在实盘分析中提出"主控结构"的概念。

主控结构：分析点 D_i 的当前价格控制结构。

主控结构的确定过程：在分析点 D_i 所有的价格结构中，从零道开始逐级向下找到某一个结构，使 D_i 点成为该结构的结构拓延部分（c 浪）所有的量价点中，与该结构基线间的对数价差（价格对数模式下 D_i 点与基线间的垂直距离）最大的点。

主控结构可能是零结构，也可能是子 I 结构或其他级别的子结构。在主控结构范围内，以相同的方式可以找到次一级的主控结构，我们可以称之为"次控结构"。

D_i 点的主控结构如图 8 – 17 所示。图 8 – 17 中 D_i 点的零结构由 A_0、B_0、C_0、D_i 点构成，D_i 点的子 I 结构由 A_1、B_1、C_1、D_i 点构成。相对零结构的基线，结构拓延部分内与零道基线具有最大对数价差的点是 B_1 点，而不是 D_i 点，因此零道是 B_1 点的主控结构而不是 D_i 点的主控结构。子 I 道的结构拓延部分（C_1 点至 D_i 点）内，D_i 点是与子 I 道基线具有最大对数价差的点，因此子 I 道是 D_i 点的主控结构。

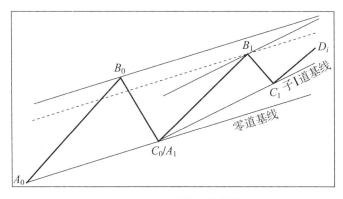

图 8 – 17　D_i 点的主控结构

（三）双（多）顶或双（多）底的形态与量、价结构同步间的关系

证券的实际走势中，经常会见到双顶或双底的形态，这种形态的形成大多与量、价结构的同步匹配存在着关系。

实盘操作中经常会遇到下述情况，即当前 D_i 点达到了价格结构的节点阻力线并表现出了受阻的现象，但是该点的成交量节点结构却没有完成，也就是说当前 D_i 点的价结构与量结构没有同步完成。量价结构的逻辑倾向于量结构与价结构的同步完成，这样才能构成一个相对完美的结构。因此当实盘中出现上述情况时，往往会形成双（多）顶或双（多）底的形态，以期最终达到量、价节点结构的同步。

结　语

传　说

曾　那样苦苦追寻
一个只属于自己的传说
浪迹中的每一抹阳光
都无法止住我重负行囊

终于　你如此葱茏地走来
裹挟着满满的芬芳
于是　我不得不驻足
聆听　那来自你的悠扬

明知　你青青的衣裳
就要和着微风　离我而去
可我又怎能　怎能轻易抹掉
那早已闪烁成行的泪光

此书献给那些为梦想奋斗过的以及还在为梦想坚持奋斗的人们。

2021 年 11 月于中国新疆